L. GARRIGUET

Ancien Supérieur du Grand Séminaire

Mois

DU

Sacré-Cœur

—— EXPOSÉ DOCTRINAL ——

de la dévotion au Sacré-Cœur de Jésus

BLOUD & GAY
ÉDITEURS

Mois du Sacré-Cœur

L. GARRIGUET

ANCIEN SUPÉRIEUR
DE GRAND SÉMINAIRE

Mois

DU

Sacré-Cœur

EXPOSÉ DOCTRINAL

DE LA DÉVOTION AU SACRÉ-CŒUR DE JÉSUS

BLOUD & GAY

ÉDITEURS

PARIS   BARCELONE

3, Rue Garancière   35, Calle del Bruch

1919

INTRODUCTION

LE MOIS DU SACRÉ-CŒUR

I. Origine du Mois du Sacré-Cœur.

II. Manière de faire le Mois du Sacré-Cœur.

III. Fruits à retirer du Mois du Sacré-Cœur.

I. — Origine du Mois du Sacré-Cœur. — Dans la grande apparition de 1675, Notre Seigneur avait demandé « que le premier vendredi d'après l'octave du Saint-Sacrement fut dédié à une fête particulière pour honorer son Cœur, en communiant ce jour-là et en lui faisant réparation d'honneur par une amende honorable, pour réparer les indignités reçues pendant le temps où il est exposé sur l'autel ». Après de longues années d'attente, satisfaction avait été donnée au divin Maître. La fête avait été établie, le Saint-Siège l'avait solennellement autorisée, de nombreux diocèses s'étaient empressés de l'adopter, on la célébrait jusque dans les pays les plus lointains.

En outre, des confréries avaient été canoniquement érigées, des églises construites, des pratiques approuvées en l'honneur du Sacré-Cœur dont le culte était devenu un des plus chers à la piété des fidèles et un des plus populaires. Le Sacré-Cœur n'avait pas seulement son jour de fête annuelle, il était encore tout spécialement honoré chaque premier vendredi du mois ; sa dévotion occupait donc une des premières places parmi les dévotions catholiques.

Pourtant à cette dévotion il manquait, trouva-t-on, quelque chose. Il y avait un mois dédié à la sainte Vierge et destiné à fournir à ses enfants l'occasion de déposer à ses pieds un plus large tribut de vénération. On se demanda pourquoi il n'y aurait pas un mois du Sacré-Cœur comme il y avait un mois de Marie ; et, ainsi, l'on fut amené à donner au mois de mai le mois de juin comme pieux pendant. On choisit le mois de juin, parce que c'est dans ce mois que tombe le plus souvent la fête du Sacré-Cœur et peut-être aussi parce que c'est dans le courant de juin qu'eurent lieu la plupart des grandes apparitions de Paray-le-Monial.

Le Mois du Sacré-Cœur, comme beaucoup d'autres saintes institutions, a eu des débuts très modestes. Il est d'origine française. Il a pris naissance dans un couvent de Paris, le célèbre couvent des Oiseaux, dirigé par les religieuses de la Congrégation de Notre-Dame.

Parmi les élèves de la maison, il y avait, en 1833, Angèle de Sainte-Croix. Dans une action de grâces après la communion, cette jeune fille conçut la pensée d'honorer, pendant tout un mois, le Sacré-Cœur, comme, pendant tout un mois, était honorée la sainte Vierge. Elle communiqua son idée à l'une de ses maîtresses et à plusieurs de ses compagnes, choisies parmi les plus pieuses ; il fut décidé qu'on tenterait un essai.

Avant, on se préoccupa d'obtenir les autorisations dont on avait besoin. On s'adressa, d'abord, à la supérieure de la maison; celle que l'on appelait la *Maman Sophie* donna son consentement avec joie, mais ce consentement ne suffisait pas, il fallait celui de l'Ordinaire.

Le siège de Paris était, alors, occupé par Mgr de Quélen. Le 29 mai 1833, le prélat vint aux Oiseaux célébrer la messe dans la chapelle des Enfants de Marie. La cérémonie terminée, il se laissa, comme d'ordinaire, entourer par les élèves et s'entretint paternellement avec elles. Angèle de Sainte-Croix profita de l'occasion, elle s'avança vers le vénérable archevêque et lui exposa, en le priant de l'approuver et de le bénir, le dessein qu'avec ses maîtresses et ses compagnes, elle avait formé d'employer le mois de juin à honorer tout particulièrement le Cœur sacré de Jésus.

Le projet agréa à Mgr de Quélen qui permit de faire, à la chapelle, les exercices pour lesquels on sollicitait son autorisation. Il promit même de s'y associer. « Nous les ferons pour la conversion des pécheurs et pour le salut de la France. Nous honorerons par trente-trois jours de prière, les trente-trois années de la vie de

Notre Seigneur. Il y aura un numéro pour chacun de ces trente-trois jours; chaque numéro sera assigné par le sort aux élèves, aux religieuses de la maison et même aux personnes du dehors qui désireront honorer ainsi le Sacré-Cœur. Chacune s'efforcera de remplir le jour qui lui sera assigné par toutes sortes de prières et de bonnes œuvres. »

On ne crut pas devoir tenir secrets et le dessein formé et l'approbation reçue ; aussi, lorsque vint le moment de commencer les exercices, huit cents personnes se joignirent aux religieuses et aux élèves pour les faire avec elles. Ils commencèrent le 13 juin et se terminèrent le dimanche 15 juillet, jour où l'on célébrait, cette année, dans le diocèse de Paris, la fête du Sacré-Cœur.

Du couvent des Oiseaux, la pratique du Mois du Sacré-Cœur se répandit vite dans le diocèse de Paris, et, de Paris, dans toute la France. Aujourd'hui, elle est en honneur dans le monde entier. Par un décret du 8 mai 1873, Pie IX l'a approuvée et, pour la populariser encore davantage, il a accordé à tous ceux qui font le Mois du

Sacré-Cœur, sept ans d'indulgences pour chaque jour du mois de juin et une indulgence plénière, aux conditions ordinaires, pour un jour du mois qu'il a laissé au choix de chacun.

De plus, Pie X, par un rescrit du 8 août 1906, a concédé l'indulgence plénière *toties quoties* (la même que pour la Portioncule), le 30 juin, à tous ceux qui visitent une église où le Mois du Sacré-Cœur a été célébré et est clôturé solennellement. Il a accordé, en outre, pour le même jour, le privilège de l'autel grégorien aux prédicateurs du Mois du Sacré-Cœur et aux curés et aumôniers des églises où le pieux exercice a été solennellement célébré et clôturé. Il a accordé, enfin, une indulgence de 500 jours à ceux qui favorisent ou propagent ce pieux exercice, pour chaque bonne œuvre faite dans ce but, avec une indulgence plénière, à chacune de leurs communions, durant le mois de juin. Toutes ces indulgences sont applicables aux âmes du purgatoire.

II. — **Manière de faire le Mois du Sacré-Cœur.** — Il fut entendu, aux

Oiseaux, que le mois du Sacré-Cœur se ferait absolument comme le Mois de Marie. On se réunirait, tous les jours, à la chapelle; on chanterait des cantiques; on entendrait une lecture; on adresserait des prières au Sacré-Cœur. Pour la lecture on se servit des révélations de la B. Marguerite-Marie, des écrits du P. Croiset et du P. de Gallifet, de l'introduction aux méditations pascales du P. Nouet. Le jour de la clôture, tout le pensionnat se réunit dans la chapelle des Enfants de Marie, vrai berceau du Mois du Sacré-Cœur; et là, à la suite d'une communion générale, la communauté entière se consacra au Sacré-Cœur.

C'est encore de cette manière que se célèbre le Mois du Sacré-Cœur dans la plupart des paroisses et des maisons religieuses. Ce sont les mêmes exercices à peu près partout. Ils sont de plus en plus suivis et on les voit établir jusque dans les plus modestes églises. Les âmes pieuses se font une joie et un devoir d'y être fidèles; et, lorsque leurs occupations, leur santé, la distance ou quelque autre cause ne leur permettent pas de prendre part à ceux qui se font en public, elles ont soin d'y suppléer en particulier. La chose est aujourd'hui facile, car il existe un grand nombre de livres de piété où l'on trouve toutes les considérations, toutes les affections, toutes les pratiques, toutes les prières, réflexions et invocations dont on peut avoir besoin.

Mais ces exercices, quoique excellents, ne constituent, pourrait-on dire, que l'écorce, ou que la charpente extérieure d'un bon Mois du Sacré-Cœur. Le Mois du Sacré-Cœur n'a pas été établi seulement pour faire assister à quelques réunions pieuses, pour faire écouter quelques lectures édifiantes, pour faire participer à la récitation de quelques prières consacrées; il a été institué, avant tout, pour nous fournir le moyen de mieux nous pénétrer de l'amour sans borne que Notre Seigneur nous a témoigné et nous amener par là à lui rendre, avec plus de fidélité et de zèle, les divers devoirs qu'il attend de notre reconnaissance.

Ces devoirs, il a daigné nous les faire connaitre par l'intermédiaire de la B. Marguerite-Marie et des autres apôtres de la dévotion à son Cœur adorable; comme par leur intermédiaire il nous a rappelé « les merveilles inexplicables de son pur amour et à quel excès il avait porté cet amour pour les hommes ».

Le grand exercice du Mois du Sacré-Cœur doit être la méditation affectueuse des plaintes et des demandes de Notre Seigneur. Il faut repasser souvent, dans le recueillement de l'âme, les paroles si touchantes qui furent entendues autrefois par la vierge de Paray : « Voilà ce Cœur qui a tant aimé les hommes qu'il n'a rien épargné jusqu'à s'épuiser et se consommer pour leur témoigner son amour ; et pour reconnaissance, je ne reçois de la plupart d'entr'eux que des ingratitudes par leurs irrévérences et leurs sacrilèges et par les froideurs qu'ils ont pour moi dans ce sacrement d'amour. Mais ce qui m'est encore plus sensible, c'est que ce sont des cœurs qui me sont consacrés qui en usent ainsi.

« S'ils usaient de retour à mon égard, tout ce que j'ai fait pour eux paraîtrait peu de chose à mon amour ; mais ils n'ont pour moi que de la froideur et ils ne répondent à mes empressements que par des rebuts. Toi, du moins, donne-moi cette consolation de suppléer à leur ingratitude autant que tu le pourras. »

Donner au divin Maître « la consolation de suppléer à l'ingratitude des hommes autant que nous le pourrons » par des communions plus fréquentes et plus ferventes, par une fidélité plus grande à son service, par un souci plus attentif d'éviter tout ce qui peut lui faire de la peine, par une préoccupation plus agissante de lui rendre amour pour amour, par une application plus habituelle à lui faire amende honorable et réparation pour les sacrilèges, froideurs, profanations et négligences dont il est abreuvé dans le « sacrement de son amour », tel est le programme que chacun doit se tracer au commencement du Mois du Sacré-Cœur. C'est le grand moyen de le passer saintement et de répondre aux vues qu'a eues l'Église, lorsqu'elle a reconnu et encouragé par des faveurs spirituelles la pieuse pratique inaugurée aux Oiseaux.

III. — Fruits à retirer du Mois du Sacré-Cœur. — Indépendamment des indulgences attachées aux exercices du Mois du Sacré-Cœur et qu'on peut gagner en faisant ces exercices soit en commun soit en particulier, on retirera de cette dévotion d'autres très précieux avantages. Les fruits qu'elle a produits, depuis son établissement, ne se comptent pas. Elle a servi à ramener la ferveur dans bien des communautés, l'amour de Dieu dans bien des paroisses, le zèle de la sanctification dans bien des âmes. Partout où on l'a établie, on s'est félicité de la mesure ; on en a retiré les plus consolants résultats.

En faisant bien le Mois du Sacré-Cœur, on se donne droit à la protection spéciale et aux grâces de choix que Notre Seigneur a promises à ceux qui aimeront, honoreront et consoleront son Cœur. Ces grâces, il a, comme il le dit, le très grand désir de les répandre ; il les verse avec une profusion toute particulière sur ceux qui, entrant dans ses desseins, s'appliquent à lui procurer un peu de la satisfaction qu'il sollicitait autrefois de la B. Marguerite-Marie.

Les exercices du Mois du Sacré-Cœur produisent comme nécessairement, dans ceux qui y sont fidèles, un accroissement d'amour pour Jésus et leur inspirent un très vif désir de « suppléer à l'ingratitude » par laquelle les hommes paient trop souvent ses bienfaits. Il n'est pas possible de méditer, pendant trente ou trente-trois jours consécutifs, sur les innombrables marques d'extrême charité que le Sauveur nous a données durant sa vie et qu'il continue à nous donner encore, sans se sentir profondément remué et sans être amené à s'écrier avec les saints : « Est-il possible de ne pas aimer celui qui le premier nous a tant aimés ? »

Cet amour conduira, en quelque sorte naturellement, l'âme à l'imitation du Maître si bon qui nous a dit : « *Apprenez de moi que je suis doux et humble de cœur.* » Il la conduira pareillement à la réparation et à l'amende honorable. Elle s'appliquera la parole entendue par la B. Marguerite-Marie : « Toi du moins donne-moi la consolation de suppléer, autant que tu le pourras, à l'ingratitude de ceux qui n'ont pour moi que de la froideur et ne répondent à mes empressements que par des rebuts. » Et elle sera heureuse de procurer à Jésus cette satisfaction.

En retour, elle verra se réaliser pour elle la promesse tombée des divines lèvres du Sauveur : la promesse d'enrichir, avec abondance et profusion, de tous les trésors de sa tendresse ceux qui s'appliqueront à procurer à son Cœur l'amour, l'honneur et la gloire qui sont en leur pouvoir.

PREMIER JOUR

SIGNIFICATIONS DIVERSES DU MOT « SACRE-CŒUR »

I.   Le mot « Sacré-Cœur » désigne parfois le cœur physique du Sauveur.

II. D'autres fois, il désigne sa personne.

III. D'autres fois, enfin, il désigne ses sentiments intérieurs, surtout son amour.

I. — Le mot « Sacré-Cœur » désigne parfois le cœur de chair du Sauveur. — Il y a des mots qui ne servent qu'à désigner un seul objet ; leur signification, par suite, est très précise et ne saurait prêter à la moindre ambiguïté. Le mot de « Sacré-Cœur » n'est pas de ce nombre. Il s'applique à plusieurs choses différentes et c'est à cause de cela qu'il peut donner lieu à de réelles confusions. Il est, en effet, employé tantôt au sens strict et naturel, tantôt au sens large, tantôt au sens figuré ou métaphorique.

Pris dans son *sens obvie et naturel*, le mot « Sacré-Cœur » désigne le cœur matériel, l'organe proprement dit qui a battu dans la poitrine de Notre Seigneur, cette partie de l'humanité sainte du Sauveur, qui a joué un rôle si considérable dans les phénomènes de sa vie physique et même de sa vie affective.

Ce cœur matériel peut être considéré en deux états différents : — On peut le considérer à l'état vivant, dans la poitrine de Jésus, remplissant ses fonctions naturelles, vivifié par l'âme, déifié par l'union hypostatique, ne formant qu'un seul tout, qu'un seul et même corps avec les autres organes du Christ. — On peut aussi le considérer simplement en lui-même, sorti en quelque sorte de la poitrine de Notre Seigneur, isolé des autres parties de son humanité, formant à lui seul un tout, tel qu'on le représente dans certaines images, à l'état, pourrait-on dire, de mort.

Envisagé de cette dernière façon, le cœur matériel de Jésus ne serait plus qu'une relique : relique particulièrement vénérable et précieuse, mais simple relique pourtant. Tout le monde sait que, depuis la Résurrection, le cœur sacré de Jésus est aussi absolument inséparable de son humanité qu'il l'est de sa divinité. Le concevoir seul et isolé, c'est le concevoir tel qu'il n'est pas et même tel qu'il ne peut pas être.

Le cœur de chair du Christ, ce cœur vivant dont nous venons de parler, est susceptible d'être envisagé à un double point de vue. — Il peut être envisagé au point de vue de son entité propre, c'est-à-dire comme organe, avec sa constitution physique, ses fonctions physiologiques, son rôle vital. — Il peut être envisagé au point de vue de son symbolisme, c'est-à-dire de son aptitude à rappeler à l'esprit, à représenter plusieurs autres entités ou

objets, entités et objets d'ordre immatériel
dont il évoque comme naturellement l'idée.

De tout temps et partout, le cœur a été pris
comme symbole de l'amour. Par conséquent,
indépendamment de ce qu'il est en lui-même,
le cœur de chair de Jésus a une aptitude propre à symboliser certains sentiments de l'âme
du Sauveur, tout particulièrement son amour.

**II. — *Le mot « Sacré-Cœur » sert à dési-
gner aussi la personne de Jésus.*** — Pris
dans son *sens large*, le mot « Sacré-Cœur »
signifie non plus seulement un organe, mais
la personne tout entière du divin Maître.
C'est dans ce sens qu'il est employé très souvent, peut-être même pourrait-on dire le plus
souvent, dans le langage ordinaire.

Quand les fidèles parlent du Sacré-Cœur,
la plupart du temps, consciemment ou incons-
ciemment, ils entendent parler de Jésus lui-
même. Pour eux, prier le Sacré-Cœur, honorer
le Sacré-Cœur, c'est prier et honorer Jésus spécialement considéré comme aimant, miséricordieux et bon. Quoique les deux termes « Sacré-
Cœur » et « Jésus » soient loin d'être en eux-
mêmes synonimes, l'usage est devenu courant
dans la piété chrétienne de désigner Jésus
sous le nom de Sacré-Cœur.

Cette transposition ne s'est pas opérée dans
l'esprit des simples fidèles seulement ; elle
n'est pas leur œuvre, on la trouve fréquemment dans les auteurs de théologie et même
sous la plume de la B. Marguerite-Marie.

On ne saurait, en effet, contester que, bien
des fois, la sainte voyante de Paray-le-Monial,

quand elle a parlé du Sacré-Cœur, n'eût en vue la personne de Notre Seigneur et pas seulement son cœur. Certaines de ses expressions seraient étranges ; elles seraient inexplicables même et indéfendables si on donnait partout au mot « Cœur » son sens naturel et obvie.

Pour s'en convaincre, il n'y a qu'à lire les trente-trois *Salutations* dont elle nous a laissé la formule. Voici quelques-unes d'entr'elles :

Je vous salue, Cœur de mon Jésus, sauvez-moi.
Je vous salue, Cœur de mon Sauveur, délivrez-moi.
Je vous salue, Cœur de mon Père, gouvernez-moi.
Je vous salue, Cœur de mon Maître, enseignez-moi.
Je vous salue, Cœur de mon Bienfaiteur, enrichis-
sez-moi.
Je vous salue, Cœur de mon Pasteur, gardez-moi.
Je vous salue, Cœur de mon Ami, caressez-moi.

Il ne peut pas y avoir de doute. La Bienheureuse, en rédigeant ces invocations, songeait non au cœur de chair de Jésus, à l'organe proprement dit, mais à Jésus lui-même, à Jésus son sauveur, son père, son maître, son bienfaiteur, son pasteur et son ami. Des demandes du genre de celles qui précèdent, adressées à un simple organe, ne se comprendraient pas, elles n'auraient pas de sens.

III. — Le mot « Sacré-Cœur » sert à désigner, enfin, les sentiments et les dispositions intérieures de l'âme de Jésus, surtout son amour. — Pris dans son *sens métaphorique* ou *figuré*, le mot « Sacré-Cœur » ne désigne plus ni le cœur de chair ni la personne de Jésus, il désigne simplement les dispositions et les sentiments de son âme.

Parmi ces dispositions et ces sentiments vient en premier lieu l'amour : l'amour qui a fait battre le cœur adorable du Sauveur et se trouve symbolisé par lui.

Dans cette conception du « Sacré-Cœur », l'organe en tant qu'organe est complètement laissé dans l'ombre. Seuls sont envisagés les phénomènes, d'ordre affectif ou autres qui ont eu en lui leur répercussion et dont il évoque le souvenir.

Telles sont non pas les seules, mais les principales et plus usuelles acceptions dans lesquelles est employé un terme qui revient continuellement, de nos jours, sur les lèvres chrétiennes. Il est utile, nécessaire même, de les avoir présentes à la mémoire si l'on veut éviter certaines confusions regrettables et se rendre compte du sens exact de certaines expressions qui, quoique consacrées par l'usage ou même approuvées par l'Eglise, ne laissent pas de déconcerter, au premier abord. Exactes au fond, elles ont besoin, pour que leur exactitude apparaisse, d'être bien entendues. Elles ne peuvent l'être qu'à la condition que le mot « Sacré-Cœur » soit pris, dans chaque phrase où il figure, avec la signification qu'il y a réellement.

PRIÈRE
de saint Alphonse de Liguori

*pour demander à Notre Seigneur la dévotion
envers son divin Cœur.*

O Cœur adorable de mon Jésus, Cœur tout pénétré d'amour pour nous, Cœur formé par Dieu lui-même pour aimer les hommes, comment ces ingrats osent-ils vous mépriser. Hélas ! moi-même, pendant les tristes années de ma triste vie, n'ai-je pas souvent blessé votre Cœur par mes ingratitudes? Pardonnez-moi, ô mon Jésus, pardonnez-moi la cruelle peine que je vous ai causée en vous aimant si peu, vous qui êtes souverainement aimable, vous qui m'avez tant aimé, vous qui avez tant fait pour conquérir mon cœur.

Le mépris que j'ai fait de votre amour, ô Jésus, me rendrait digne d'être à jamais privé du bonheur de vous aimer. Mais, ô mon Sauveur, plutôt souffrir tous les tourments que d'être condamné à ne pas vous aimer. Disposez de moi selon votre bon plaisir, mais ne me privez pas de votre amour. Du reste, comment puis-je craindre que vous m'imposiez un pareil châtiment, vous qui continuez à m'imposer le doux précepte de vous aimer. Oui, ô mon Seigneur et mon Dieu, vous voulez que je vous aime ; et, de mon côté, ô Cœur de mon Jésus, je n'ai d'autre désir que d'être uni à vous par les liens de l'amour. Allumez donc dans mon pauvre cœur cette sainte flamme de charité que vous avez apportée du ciel sur la terre. Détruisez en moi toutes les affections déréglées qui m'empêchent d'être tout à vous.

De grâce, ô mon bien-aimé Jésus, ne dédaignez pas le don que je vous fais de mon cœur, de ce cœur qui tant de fois vous a blessé et affligé. O vous qui m'avez tant aimé, ne permettez plus qu'à l'avenir je vive, ne fût-ce qu'un seul instant, sans votre saint amour. O mon aimable Jésus, vous êtes mon amour, j'espère désormais vous aimer toujours et toujours être aimé de vous.

O mère du bel amour, tendre Marie, ô vous qui souhaitez si ardemment de nous voir aimer votre divin fils, attachez mon cœur au Cœur de ce fils adorable et unissez-moi si étroitement à lui que, selon ses désirs, j'appartienne toujours et tout entier à son sacré Cœur. Ainsi soit-il.

Pratique

Grande fidélité aux exercices du Mois du Sacré Cœur ; les faire en particulier, si on ne peut assister à ceux qui se font en public.

Invocation

Cœur sacré de Jésus, ayez pitié de nous (1).   Cor Jesu sacratissimum, miserere nobis.

(1) Indulgence de sept ans et de sept quarantaines, quand on récite cette invocation avec le prêtre, à la fin de la messe. (PIE X, 17 juin 1904.)

DEUXIÈME JOUR

LA DÉVOTION AU SACRE-CŒUR

I. Nature de cette dévotion.

II. Grande place qu'elle occupe, aujourd'hui, dans la piété chrétienne.

I. — Nature de la dévotion au Sacré-Cœur. — Toute dévotion se compose de divers éléments dont les principaux sont : l'objet, les motifs, les pratiques et la fin. L'objet est ce que l'on honore; les motifs, les raisons pour lesquelles on l'honore; les pratiques, les actes par lesquels on l'honore; la fin, le but que l'on se propose en l'honorant. Il résulte de là que la dévotion au Sacré-Cœur est l'ensemble des motifs et des moyens par lesquels nous rendons au Cœur adorable de Jésus les hommages qu'il mérite, les devoirs auxquels il a droit, le culte, en un mot, qui lui revient.

Cette dévotion a, pendant de nombreux siècles, existé au sein de l'Église à l'état de dévotion purement privée, c'est-à-dire sans que l'autorité ecclésiastique l'eût approuvée et en eût réglé l'exercice. Durant cette longue période, elle est restée l'apanage de quelques âmes d'élite et n'a fleuri qu'à l'intérieur des cloîtres. Ceux qui en faisaient leurs délices la pratiquaient en s'inspirant simplement de leur attrait ou de leur grâce. Tout ce qu'on leur demandait, c'était de ne pas s'écarter de ce qui est exigé par la prudence, par l'orthodoxie et par la piété éclairée.

Vint un moment où, cédant à des instances réitérées, le Saint-Siège approuva une fête en l'honneur du Sacré-Cœur et donna à son culte une consécration officielle. Dès lors, la dévotion au Sacré-Cœur cessa d'avoir un caractère exclusivement privé, elle prit place dans la liturgie, elle revêtit la forme de culte public : culte rendu au nom de l'Eglise, sous son contrôle, avec des prières et des offices établis par elle.

Cette reconnaissance solennelle précisa le sens de la dévotion, elle en fixa l'objet et en détermina les principales pratiques, de telle sorte que, maintenant, nous nous trouvons en présence d'un culte dont les fondements et les lignes sont bien plus nettement définis qu'ils ne l'étaient autrefois. Certains points sont acquis ; et, s'il en reste encore même d'importants sur lesquels on discute toujours, il y en a de nombreux sur lesquels il ne peut plus y avoir de divergence de vue. Il y a une dévotion catholique du Sacré-Cœur.

La dévotion catholique du Sacré-Cœur, ce n'est pas la dévotion telle qu'elle a été conçue par telle ou telle personne, exposée par telle ou telle école ; c'est la dévotion telle qu'elle a été conçue, exposée et approuvée par l'Eglise, telle qu'elle est pratiquée par elle. La pensée de l'Eglise se trouve dans les actes publics et les pièces officielles émanés d'elle; c'est dans ces documents surtout qu'il faut aller la chercher.

A côté des éléments essentiels que toute vraie dévotion au Sacré-Cœur doit posséder, il y en a d'autres d'ordre relativement secondaire, qui servent à constituer des variétés au sein de la grande dévotion catholique au Cœur adorable de Jésus. L'Eglise n'a pas entendu imposer un type unique. Elle admet des formes diverses, sans qu'on puisse dire pourtant qu'elle les voit toutes avec la même faveur et qu'elle les met toutes sur le même rang.

Il y en a qui ont ses préférences et qu'elle semble avoir particulièrement visées dans ses approbations; mais elle n'a pas entendu réprouver les autres, celles du moins qui, par leur esprit et leurs pratiques, se concilient avec ses déclarations, ses instructions et sa manière d'agir. La dévotion au Sacré-Cœur est un tronc sur lequel ont poussé plusieurs tiges inégalement vigoureuses; de ces tiges, il en est une — la tige parodienne — qui a rapidement pris le dessus sur les autres. Elle les couvre de sa puissante ramure et semble avoir absorbé la presque totalité de la sève et de la vie venant du sol divin où l'arbre plonge ses racines.

Ce serait une erreur de considérer la dévotion au Sacré-Cœur comme une dévotion figée, morte, cristallisée dans des pratiques

définitives et des formules intangibles. Elle
est, au contraire, essentiellement vivante et
souple. Elle possède une plasticité merveil-
leuse qui la rend capable de s'adapter à tous
les lieux, à tous les temps, à toutes les circonstances et lui permet de se rajeunir sans
cesse en ajoutant à ses modalités anciennes
des modalités nouvelles. Elle est susceptible
de développements et même de transformations accessoires; mais en cette matière,
comme en tout ce qui touche à la piété, on
doit soigneusement se tenir en garde contre
les nouveautés. La sagesse demande qu'on
n'accepte que celles qui sont introduites ou
au moins approuvées par l'Eglise.

II. — *Grande place occupée, aujourd'hui,
dans la piété chrétienne par la dévotion
au sacré Cœur de Jésus.* — Cette place ne
fut pas toujours ce qu'elle est actuellement.
La dévotion au Sacré-Cœur a eu des débuts
modestes. Il en a été d'elle comme de toutes
les grandes dévotions. Elles ont leur genèse,
leur histoire. Leur origine se relie, le plus
souvent, à un fait providentiel, à une initiative habituellement contrariée d'abord, victo-
rieuse ensuite, qui parvient à travers une
série d'épreuves, à conquérir l'approbation
et même les encouragements de l'autorité
ecclésiastique. La dévotion au Sacré-Cœur n'a
pas échappé à cette sorte de règle.

Elle doit non pas son origine qui remonte
très haut, mais son essor actuel et les extraordinaires développements qu'elle a pris à
l'action d'une humble religieuse du monastère

de la Visitation de Paray-le-Monial, en Bourgogne.

Cette religieuse se nommait Marguerite-Marie Alacoque. Notre Seigneur l'avait favorisée, dès sa plus tendre enfance, de grâces exceptionnelles. Quoique jeune encore, elle était arrivée à une très haute vertu. Elle reçut de Jésus, dans des apparitions que tout l'univers chrétien connaît, avec la confidence de « l'amour extrême qu'il a porté aux hommes », la mission de faire établir une fête en l'honneur de son Cœur sacré et de propager la dévotion qu'il lui avait lui-même apprise.

Cette dévotion fut très combattue; elle eut à vaincre d'innombrables obstacles et à triompher d'oppositions de toute sorte; mais elle venait de Dieu, rien ne fut capable de lui barrer le chemin. Ses progrès, lents d'abord, devinrent rapides ensuite. Aujourd'hui, elle est pratiquée dans le monde entier. Il n'y en a pas de plus florissante, pas de plus chère à la piété des fidèles, pas qui réponde mieux aux besoins et aux aspirations actuelles des âmes. Elle fait les délices de ce qu'il y a de plus fervent et de plus saint dans l'Église.

Elle a cessé d'être l'apanage exclusif de quelques chrétiens d'élite; elle n'est plus en honneur simplement dans quelques monastères; elle est sortie de l'ombre des cloîtres, elle a pénétré les masses populaires, elle s'est répandue partout, on la trouve établie jusques dans les régions lointaines qui, il y a quelques années à peine, étaient plongées encore dans les ténèbres de l'infidélité.

Dans les plus humbles églises de village

comme dans les plus somptueuses basiliques,
on voit un autel dédié au Sacré-Cœur. De ce
Cœur adorable la sainte image se trouve partout; elle est à la place d'honneur au foyer
domestique comme au sanctuaire. Les choses
sont arrivées à un tel point que, à l'heure
actuelle, les principales demandes de réparation et d'amour adressées par Notre Seigneur
à sa pieuse servante de Paray ont reçu la
satisfaction qu'il attendait. La dévotion au
Sacré-Cœur est connue partout et partout
pratiquée. Elle est, entre toutes, chère à la
piété chrétienne dont elle fait les délices.

PRIÈRE

du P. Jacques Alvarez de Paz

O Sauveur des hommes, Jésus-Christ, dont l'œuvre
est notre rédemption, dont la connaissance est le
commencement de notre salut, dont l'imitation est
toute la perfection, ouvrez-moi, je vous en prie,
votre très saint Cœur, porte de vie et source d'eau
vive, afin qu'ainsi j'arrive à vous connaître, et que
là je boive les eaux de la véritable vertu qui étan-
chent toute soif des joies et des biens terrestres.
Ouvrez mes yeux, illuminez-les, pour que je voie
la perfection de votre Cœur, pour que je tâche, en
imitant ces perfections, d'écarter toute sensualité
de mon propre cœur, pour que je repousse sans
cesse ce qui n'est pas vous, ce que vous ne voulez
pas, ce que vous n'aimez pas et pour que je recherche
avec soin vous tout seul, ce que vous voulez, ce
que vous aimez, dans la mesure où vous me com-
mandez de l'aimer. Je vous en prie par le très
ardent amour de votre Cœur humain transpercé

et par ses innombrables angoisses, enfermez et gardez mon cœur dans la blessure de votre Cœur, pour qu'il apprenne à vous aimer comme vous le méritez. Ainsi soit-il.

Pratique

S'appliquer à bien connaître la dévotion au Sacré-Cœur, afin de la bien pratiquer.

Invocation

Doux Cœur de Jésus, soyez mon amour (1).   Dulce cor Jesu, sis amor meus.

(1) 300 jours d'indulgence, une fois par jour. (Léon XIII, 21 mai 1892.)

L'OBJET SENSIBLE DE LA DÉVOTION
AU SACRÉ CŒUR DE JÉSUS

I.   Ce qu'on entend par objet d'une dévotion.

II.   Le cœur de chair du Sauveur est l'objet sensible de notre dévotion.

III. Il l'est beaucoup moins par lui-même qu'en raison de son symbolisme.

I. — *Ce qu'on entend par objet d'une dévotion.* — Dans toute dévotion on distingue deux objets : l'objet matériel et l'objet formel. L'objet matériel est ce que l'on honore; l'objet formel, le motif pour lequel on l'honore.

Les théologiens reconnaissent unanimement, à la suite de saint Thomas, que tout honneur se termine à une personne. Quelquefois, c'est à une partie de la personne, à une qualité ou disposition de son âme, à un événement de sa vie, à un objet lui ayant appartenu ou ayant eu avec elle des rapports particuliers,- que les hommages sont immédiatement adressés, mais ils ne s'arrêtent ni à la partie, ni à la qualité, ni à la disposition, ni à l'événement, ni à l'objet; ils vont à la personne. C'est à elle qu'ils aboutissent toujours en dernière analyse.

Il peut y avoir de sérieuses et légitimes raisons de distinguer telle ou telle des parties d'une personne, de faire à cette partie une place à part, de l'honorer d'une manière spéciale, en un mot d'en faire l'objet matériel prochain d'un culte; mais, dans ce cas, la partie n'est pas considérée isolément, elle n'est pas prise séparée du reste du sujet; elle est, au contraire, envisagée unie à lui, ne formant avec lui qu'un seul tout, qu'un seul et même individu. Cela n'empêche pas que ce soit par leur objet matériel prochain que les dévotions se distinguent ou, comme s'expriment les théologiens, qu'elles se spécifient.

Presque toujours, une dévotion se compose d'un double objet : d'un objet sensible et corporel, et d'un objet invisible et spirituel. Ces deux objets sont intimement unis et honorés indivisiblement. Habituellement, c'est l'objet spirituel qui est l'objet principal et primaire; mais c'est invariablement l'objet sensible qui donne son nom à la dévotion.

Prenons, par exemple, la dévotion aux Plaies de Notre Seigneur. Elle a un objet sensible : les plaies mêmes; un objet spirituel : les souffrances que ces plaies ont causées au Sauveur et le mystère d'amour dont elles évoquent le souvenir.

La dévotion prend son nom des plaies qui en sont l'objet sensible; mais ce qui rend ces plaies si vénérables, c'est l'objet spirituel : la charité qui les a fait accepter et la douleur qui les a accompagnées.

Dans la dévotion au sacré Cœur de Jésus il est possible de trouver les deux éléments dont il vient d'être question. Il y a un élément sensible : l'organe matériel, le cœur de chair qui a battu et qui continue à battre dans la poitrine de Notre Seigneur. Il y a aussi un élément spirituel : l'amour et les autres sentiments d'ordre divers qui ont eu leur répercussion dans l'organe et qui sont symbolisés par lui.

II. — *Dans la dévotion au Sacré-Cœur le cœur de chair du Sauveur constitue l'objet sensible et reçoit un vrai culte.* — Certains soutiennent que la dévotion au Sacré-Cœur n'a qu'un objet et que cet objet est d'ordre purement spirituel. D'après eux, l'Eglise propose à nos adorations uniquement le cœur métaphorique, c'est-à-dire l'amour de Notre Seigneur. Ils prétendent appuyer leur manière de voir sur la célèbre décision par laquelle, en 1765, la Congrégation des Rites accorda la fête et autorisa l'office propre du Sacré-Cœur. Ils disent que, quoiqu'elle y fût invitée et presque poussée par les postulateurs, la Congrégation refusa d'approuver le culte du cœur de chair de Jésus.

Cette thèse est fausse, les affirmations de ceux qui la défendent ne reposent sur aucun fondement. Interprêter le décret de 1765 dans le sens d'une désapprobation de tout culte rendu au cœur-organe est donner au texte de la Congrégation des Rites une signification qu'il n'a pas. Elle l'a bien montré lorsque, sous Pie VI, pour protester par un acte authentique contre ceux qui s'obstinaient à dénaturer sa pensée, elle a approuvé et a accordé à un certain nombre de diocèses un office où, à chaque page, il est question du cœur physique et où ce cœur est présenté dans les termes les plus clairs à la vénération des fidèles.

Il n'est pas douteux d'ailleurs que lorsque la B. Marguerite-Marie réclame un culte d'amour pour le Cœur adorable de son divin Maître, elle ne le réclame pas exclusivement pour un cœur purement métaphorique, mais pour le cœur qui lui a été montré et ce cœur est bien le cœur de chair. « Le cœur de Jésus, nous dit-elle, me fut présenté comme dans un trône de flamme, plus rayonnant qu'un soleil et transparent comme un cristal, avec cette plaie adorable. Il était environné d'une couronne d'épines et surmonté d'une croix. » Elle ajoute ces paroles plus explicites encore : « Notre Seigneur m'a assuré qu'il prenait une singulière complaisance à voir les sentiments intérieurs de son cœur et de son amour honorés sous la figure de ce cœur de chair tel qu'il m'avait été montré, dont il voulait que l'image fût exposée en public, afin, ajouta-t-il, de toucher le cœur insensible des hommes. »

Que, pour l'heureuse confidente de Jésus, l'organe ait droit au culte, la question ne se pose même pas. Il suffit de lire quelques pages de ses lettres ou de son autobiographie pour être pleinement édifié. Le P. Croiset, qui a été honoré de toute sa confiance et qui a reçu d'elle de précieuses communications, écrivait dès 1690 : « L'objet et le motif principal de cette dévotion est l'amour immense que Jésus-Christ a pour les hommes... Mais parce que nous avons toujours besoin, dans l'exercice des dévotions même les plus spirituelles, de certains objets matériels et sensibles qui nous frappent davantage, nous en renouvellent le souvenir et nous en facilitent la pratique, on a choisi le sacré Cœur de Jésus comme l'objet le plus digne de nos respects. » (1)

Dans son premier Mémoire, présenté en 1726, à la Congrégation des Rites, le P. de Galliffet, postulateur, disait : « On peut considérer l'objet de cette dévotion de deux manières : dans son côté sensible, c'est-à-dire dans ce qui frappe les yeux ; ou dans son côté spirituel, c'est-à-dire dans ce qu'il représente, dans l'idée qu'il symbolise. L'objet sensible, c'est le cœur de Jésus non dans le sens métaphorique, mais dans l'acceptation propre du mot. Cela est certain. La révélation de Marguerite-Marie le prouve. Jésus-Christ découvre son cœur et dit ; *Voilà ce cœur qui a tant aimé les hommes.* Ces mots désignent bien un cœur réel et physique. On ne peut pas les prendre dans un autre sens sans faire manifestement violence aux lois du langage. »

Les postulateurs qui ont soutenu les autres instances ne se sont pas exprimés différemment. Tous ont déclaré que le cœur de chair du Sauveur est objet du culte. La preuve

(1) *La dévotion au sacré Cœur de Notre Seigneur Jésus-Christ*, pp. 3, 5.

qu'on comprenait bien parmi les fidèles qu'il en est ainsi, nous la trouvons dans le nom de *cordicoles* que, par dérision, les protestants, les jansénistes et les philosophes du XVIIIe siècle donnèrent à ceux qui pratiquaient la dévotion au Sacré-Cœur.

Pie VI, dans la bulle *Auctorem fidei*, du 28 août 1794, où il condamne les erreurs avancées au synode janséniste de Pistoie, ne nie nullement que les fidèles n'adorent le cœur de chair de Jésus; il montre seulement que, loin d'être idolâtrique, ce culte est absolument légitime.

Il est donc acquis que, dans la dévotion au Sacré-Cœur, une partie des hommages va à l'organe et que celui-ci est bien réellement l'objet sensible de cette dévotion.

III. — *Dans la dévotion au sacré Cœur de Jésus le cœur-organe est honoré beaucoup moins en lui-même qu'en raison de son symbolisme.* — Le cœur physique de Jésus, a en lui-même et en raison de son union hypostatique avec la personne du Verbe, droit à toutes nos adorations; pourtant, dans la dévotion au Sacré-Cœur il est envisagé surtout comme symbole de l'amour et des autres sentiments de Notre Seigneur, et c'est principalement en cette qualité qu'il y est honoré.

Le décret de 1765 est la grande charte de la dévotion au Sacré-Cœur, et ce décret est catégorique. Il dit, en effet : « Par la concession de cet office et de cette messe, il s'agit simplement d'amplifier un culte déjà établi et de rappeler symboliquement la mémoire de l'amour du Fils unique de Dieu. » Le sens de ces paroles est précisé dans la VIe leçon de l'office approuvé, peu après, par la Congrégation des Rites et introduit par elle au commun du bréviaire. On y lit : « Afin que les fidèles se rappellent avec plus de dévotion et de ferveur le souvenir de la charité du Christ, grâce au très saint symbole de son cœur sacré, le pape Clément XIII a permis de célébrer la fête de ce cœur adorable. »

La plus grande partie des théologiens qui se sont spécialement occupés de la dévotion au Sacré-Cœur n'ont pas interprété autrement que nous ne le faisons les textes officiels qui précèdent. Le cardinal Gerdil, bien placé pour parler en connaissance de cause, a écrit : « L'unique raison pour laquelle la Congrégation accorda l'office et la messe est que le cœur est le symbole du divin amour de Jésus-Christ... Le cœur de Jésus pouvant être considéré soit comme partie corporelle de sa chair, soit comme le symbole de son immense charité pour nous, il n'y avait évidemment aucun motif de lui rendre un culte spécial si on l'envisageait sous le premier rapport qui lui est commun avec tous les autres membres du corps dont il fait partie ; au contraire, il est très conforme à la piété et à la raison que, dans cette partie de son corps que Jésus-Christ nous a proposée comme le siège de ses affections, nous vénérions, comme sous le plus parfait des symboles, cette immense charité qui nous a aimés et l'a fait se livrer à la mort pour nous. »

Léon XIII a apporté à la thèse que nous exposons l'appui de sa haute autorité, lorsqu'il a dit dans sa Lettre apostolique du 28 juin 1889 : « Par cette dévotion on honore d'un culte particulier, sous le symbole du très sacré Cœur de Jésus, les principaux bienfaits que la charité du Christ a répandus sur le genre humain. »

D'ailleurs, ce fut surtout en s'appuyant sur son symbolisme que les postulateurs réclamèrent toujours pour le Cœur de Jésus un culte spécial. C'est donc bien, sinon uniquement, au moins principalement en raison de son symbolisme, c'est-à-dire en tant qu'emblème de l'amour et des autres sentiments intérieurs de Notre Seigneur que son cœur physique est l'objet d'un culte véritable dans la dévotion au Sacré-Cœur.

———

PRIÈRE
de la B. Marguerite-Marie

O Seigneur Jésus, saint et doux amour de nos âmes, voici nos cœurs unis d'un même accord pour adorer, louer et aimer, bénir et plaire au vôtre très saint et sacré, auquel nous dédions et consacrons pour le temps et l'éternité les nôtres, renonçant pour tout jamais à tous les amours et à toutes les affections qui ne sont pas dans l'amour et l'affection de votre Cœur adorable, désirons que tous les désirs, soins et aspirations des nôtres soient toujours conformes au bon plaisir du vôtre, que nous désirons contenter autant que nous en sommes capables. Mais, comme nous ne pouvons rien de bon de nous-mêmes, nous vous supplions, ô très adorable Jésus, par l'infinie bonté et douceur de votre sacré Cœur, de soutenir les nôtres et les soutenir dans la résolution que vous leur faites faire pour votre amour et pour votre service, afin que jamais rien ne nous sépare et désunisse d'avec vous, mais que nous soyons fidèles et constants en cette résolution, sacrifiant à l'amour de votre sacré Cœur tout ce qui peut donner des vains plaisirs aux nôtres et les amuser inutilement après les choses d'ici-bas, où nous confessons que tout est vanité et affliction d'esprit, hors de vous servir et vous aimer, vous seul, mon divin et très aimable Sauveur Jésus-Christ qui soyez béni, aimé et glorifié éternellement. Ainsi soit-il.

Pratique

Répéter de temps en temps dans la journée quelque invocation au Sacré-Cœur, sous forme d'oraison jaculatoire.

Invocation

Cœur de Jésus, brûlant d'amour pour nous, embrasez notre cœur d'amour pour vous (1).

Cor Jesu, flagrans amore nostri, inflamma cor nostrum amore tui.

(1) Indulgence de 100 jours, une fois par jour. (Léon XIII, 16 juillet 1893.)

QUATRIÈME JOUR

L'OBJET SPIRITUEL DE LA DÉVOTION
AU SACRÉ CŒUR DE JÉSUS

———

I. En Jésus-Christ il existe un double amour.

II. Ces deux amours sont l'un et l'autre symbolisés par son cœur et font partie de l'objet spirituel de la dévotion au Sacré-Cœur.

III. Cet objet spirituel comprend tous les sentiments, toutes les dispositions, toutes les perfections et toutes les amabilités de l'intérieur du Sauveur.

I. — *Existence en Jésus-Christ d'un double amour.* — En Jésus-Christ il n'y a pas deux personnes inséparablement unies : la divine personne du Verbe engendrée de toute éternité par le Père et une personne humaine conçue du Saint-Esprit et née de la Vierge Marie. Il n'y a que la personne du Verbe; mais dans l'unité de personne il y a, comme l'ont défini contre Nestorius et Euty- chès les conciles d'Éphèse et de Chalcédoine, deux natures et deux volontés qui, quoique subordonnées et toujours d'accord, sont phy- siquement et essentiellement distinctes.

Qui dit deux volontés dit, par le fait même, deux amours. Il existe en Jésus un amour incréé, infini, d'essence exclusivement divine : l'amour du Verbe éternel, l'amour qui l'a décidé à prendre un corps comme le nôtre, afin de nous racheter. — Il existe aussi dans le Christ un amour créé, fini, d'origine humaine : l'amour qu'il a ressenti en tant qu'homme et dont son cœur de chair a éprouvé le retentissement.

Ce dernier amour ne peut pas être dit purement humain, il n'est humain que par un côté. Quoique produit par une nature bornée, il est d'une dignité et d'une valeur infinies, en raison de l'union de cette nature avec la personne du Verbe. A cause de cette union, il est divin : il est l'amour d'un Dieu dans la nature humaine prise par lui. Le seul nom qui lui convienne est celui d'amour théandrique.

A ne le considérer qu'en lui-même et en faisant abstraction du caractère spécial que lui assure l'union hypostatique, l'amour ressenti par Jésus dans son humanité se trouve au faîte de tout l'ordre créé. Aucune affection n'est plus pure dans son principe, plus touchante dans ses manifestations, plus riche dans ses dons, plus constante dans sa durée, plus ineffablement tendre dans ses effusions. Il est « l'acte d'une volonté qui se trouve enrichie de la plénitude des grâces et des dons pour en devenir la source intarissable; il participe à la sainteté substantielle du Verbe auquel il est uni. »

L'amour de Jésus-Christ a eu un double objet :

Dieu et les hommes. Notre Seigneur a aimé son Père et nous a aimés, ou plutôt il aime son Père et il nous aime. Ces deux amours ont rempli et continuent à remplir son cœur.

II. — *L'amour que nous honorons directement dans la dévotion au sacré Cœur de Jésus, c'est tout l'amour du Verbe incarné; non seulement son amour pour les hommes, mais son amour pour son Père; non seulement l'amour qu'il éprouve dans sa nature humaine, mais celui qu'il ressent dans sa nature divine.* — Nombreux sont ceux qui, se référant aux paroles de Jésus à la bienheureuse Marguerite-Marie : « Voilà le cœur qui a tant aimé les hommes », sont portés à croire que le seul amour qu'on honore dans la dévotion au Sacré-Cœur est l'amour créé, l'amour d'origine humaine existant dans le Sauveur ; et encore pas tout cet amour, mais uniquement la partie ayant les hommes pour objet. L'amour incréé et divin et l'amour créé se rapportant au Père ne feraient pas, d'après eux, partie de l'objet de la dévotion au Sacré-Cœur.

Cette thèse, qui a toujours ses partisans, est difficile à défendre et doit être abandonnée. Nous sommes, en effet, en présence non pas d'une dévotion privée, mais d'un culte public et officiel. L'Église l'a établi, nul ne peut mieux qu'elle nous renseigner sur ce qu'elle a entendu présenter à nos hommages. Il importe donc, pour savoir à quoi nous en tenir, d'interroger les pièces authentiques qui reflètent sa pensée.

Parmi ces pièces, viennent en première ligne les décrets de la Congrégation des Rites et les textes liturgiques se rapportant à la dévotion au Sacré-Cœur. Or ces décrets et ces textes témoignent en faveur de la thèse que nous soutenons.

Dans le décret de 1765, la Sacrée Congrégation des Rites déclare que « la célébration de l'office et de la messe ont pour but de renouveler la mémoire de ce divin amour par lequel le Fils unique de Dieu a revêtu la nature humaine ». Voilà bien l'amour incréé qui a précédé l'Incarnation et qui a déterminé le Verbe à prendre notre nature.

Le décret continue : « Il s'est fait obéissant jusqu'à la mort, et, suivant sa parole, il a montré aux hommes qu'il est doux et humble de cœur. » Voilà maintenant l'amour créé qui se manifeste dans les abaissements de l'Incarnation, l'obéissance, la mansuétude, l'humilité, l'acceptation de tous les opprobres et de toutes les souffrances.

Le texte du décret, par lui-même extrêmement clair, a été précisé encore, en 1821, par la déclaration suivante du secrétaire de la Congrégation des Rites : « Cette fête n'a pas pour objet un mystère particulier dont l'Eglise n'ait pas fait mention en temps et lieu, c'est comme un résumé des autres fêtes où l'on honore des mystères spéciaux. On y rappelle l'immense amour qui a poussé le Verbe à s'incarner pour notre rançon et notre salut, à instituer le Sacrement de l'autel, à porter nos fautes, et à s'offrir en croix comme hostie et sacrifice. »

Un décret, beaucoup plus récent puisqu'il est du 4 avril 1900, appelle la fête « une solennité qui n'a pas seulement pour objet d'honorer et de glorifier le Cœur du Fils de Dieu fait homme, mais de renouveler symboliquement le souvenir du divin amour qui a poussé le Fils unique de Dieu à prendre la nature humaine ».

En professant que l'amour ressenti par Notre Seigneur dans sa nature divine fait partie de l'objet propre de la dévotion au Sacré-Cœur, on est donc en parfaite communion d'idée avec les interprètes officiels de la pensée catholique. On se trouve aussi en accord complet avec la croyance pratique des fidèles.

Quoiqu'ils sachent parfaitement, en effet, qu'il y a en Jésus-Christ deux natures et deux amours : l'amour dont il nous aime comme Dieu et l'amour dont il nous aime comme homme, ils ne font pas communément de distinction dans leurs adorations. Ils honorent l'amour de Notre Seigneur pour nous en général, tout son amour, comme ils honorent toute sa personne.

Ils voient dans son cœur l'emblème de l'ensemble de l'amour qu'il nous a porté, quoique son amour divin n'y ait aucun écho direct.

Ils ne sont pas les seuls à penser ainsi. Bien des théologiens partagent leur manière de voir. « Le cœur, dit le cardinal Billot, est le symbole à la fois de la charité incréée qui fit descendre le Fils de Dieu sur la terre et de la charité créée qui, éclatant dès le premier instant de la conception humaine, le conduisit jusqu'à la croix. »

Le divin cœur est l'emblème indiqué de ces deux amours, il les symbolise l'un et l'autre ; car, s'il y a en Jésus deux ordres de sentiments et deux principes pour les produire, il n'y a qu'une personne qui les ressent et cette personne n'a qu'un cœur pour les représenter.

Ce cœur ne représente pas seulement l'amour de Jésus pour les hommes, il représente aussi son amour pour son Père. « Le cœur du Sauveur, disaient les postulateurs polonais en 1765, doit être considéré comme le symbole naturel de toutes les affections intérieures du Christ, et en particulier de l'amour immense qu'il a eu pour son Père et pour les hommes. » Il suit de là que, puisqu'on vénère dans la dévotion au Sacré-Cœur tous les sentiments intérieurs de Jésus dont son cœur est le mémorial et le symbole, on y vénère l'amour qu'il a pour Dieu comme celui qu'il a pour nous. On y honore avant tout et principalement ce dernier, mais on ne saurait admettre que le premier est complètement laissé de côté.

« Qu'est-ce qui peut nous permettre, doit-on dire avec le P. Terrien, en méditant l'amour de Jésus de morceler cet amour et de séparer ce que l'ordre a réuni dans une harmonie si divine ? Quoi ! je verrais en mon Sauveur, au tombeau de son ami Lazare, et l'amour de Dieu qui va commander à la mort et l'amour à la fois spirituel et sensible de l'homme qui console Marthe et Marie, qui s'attendrit jusqu'à verser des larmes, et je

ferais comme un choix parmi ces manifestations d'amour, retenant les unes, négligeant
les autres, au lieu d'adorer et d'aimer le
Seigneur Jésus dans l'unité de son multiple
amour... Ce que Dieu a uni, que l'homme ne
le sépare pas, nous dit-il dans son Evangile. (1) »

**III. — *Dans la dévotion au sacré Cœur
de Jésus non seulement nous honorons
tout l'amour de Notre Seigneur, mais encore tous les sentiments, toutes les dispositions, toutes les amabilités et toutes les
perfections de son intérieur.*** — Le cœur
de Jésus est un emblème et sous cet emblème
on révère les diverses entités d'ordre spirituel qui sont symbolisées par lui. Or, l'on
admet généralement que, si le cœur de Jésus
symbolise avant tout l'amour qui s'y est ré-
percuté, il ne symbolise pas que lui. Il symbolise à un degré moindre peut-être, mais à
un degré très réel pourtant, tous les autres
phénomènes de l'intérieur du Sauveur : les
phénomènes de l'ordre intellectuel et de
l'ordre moral, aussi bien que les phénomènes
de l'ordre affectif, par conséquent toutes les
dispositions, toutes les vertus, toutes les perfections et tous les sentiments renfermés dans
son âme.

Par cœur, en effet, il faut entendre tout ce
qui se consume dans le sanctuaire de l'âme
et les profondeurs de la conscience. Le cœur,

(1) *La dévotion au sacré Cœur de Jésus*, pp. 80,
81, 86.

dans le langage de l'Écriture, désigne tout ce qui n'apparaît pas au dehors. Il est dit dans nos saints Livres : « *L'homme n'aperçoit que ce qui se manifeste par des signes extérieurs, mais Dieu pénètre les cœurs.* » Le mot « cœur » est mis en opposition avec « les choses qui tombent sous les sens ».

Cette manière de voir, que certains traitent de nouvelle et d'erronnée, est très tradition-nelle, au contraire. Déjà en 1727, Mgr Languet, dont l'autorité en pareille matière ne saurait être contestée par personne, écrivait dans sa *Vie de la vénérable Mère Marguerite-Marie* : « S'il faut expliquer plus particulièrement quel est l'objet de cette dévotion, il me suffira de faire remarquer que les hommes qui se piquent de sonder le cœur humain et de démêler les affections, les penchants et les ressorts secrets qui le font agir, comprendront aisément que, sous le nom du cœur sacré de Jésus-Christ, on entend principalement les désirs, les sentiments, les affections qui occupaient ce cœur divin sur la terre et qui l'occupent encore dans le ciel (1). »

Vers la même époque, le P. de Galliffet, dont le témoignage a un si grand poids, écrivait de son côté : « On doit considérer ce cœur comme le plus noble et le principal (?) organe des affections sensibles de Jésus-Christ, de son amour, de son zèle, de son obéissance, de ses désirs, de ses douleurs, de ses tristesses, de ses joies, comme le principe et le siège (?) de ces mêmes affections et de toutes

______

(1) *Discours préliminaire*, n° XXII.

les vertus de l'Homme-Dieu. On doit le considérer aussi comme le centre de toutes les souffrances intérieures que notre salut lui a coûtées. Enfin on doit le considérer comme sanctifié par les dons les plus précieux du Saint-Esprit et par l'infusion de tous les trésors de grâce dont il est capable.

« Tout cela appartient réellement à ce cœur divin, tout cela lui est propre ; c'est de là qu'il tire sa dignité, son prix, son excellence et par conséquent tout cela entre dans l'objet de la dévotion au Cœur de Jésus (1). »

L'avocat Alegiani, qui, lors de l'instance de 1765, rédigea les *Ecritures authentiques*, est encore, si c'est possible, plus explicite. « L'objet adéquat, dit-il, comprend tout l'intérieur du divin Maître. C'est une admirable réunion des choses les plus sublimes : le cœur adorable et sa blessure, l'âme très sainte qui le vivifie et la personne qui le divinise, l'amour immense qui l'embrase, les vertus dont il est l'emblème et les douleurs qu'il a ressenties... »

Bien avant Languet, de Galliffet et les postulateurs de 1765, le P. de la Colombière avait dit dans un acte de consécration au Sacré-Cœur, qu'on trouve à la fin de ses *Retraites spirituelles* : « Cette offrande se fait pour honorer ce divin Cœur, le siège de toutes les vertus, la source de toutes les bénédictions, la retraite de toutes les âmes saintes.

« Les principales vertus qu'on prétend

(1) *De l'excellence de la dévotion au Cœur adorable de Jésus-Christ.*

honorer en lui sont : premièrement, un amour
très ardent pour Dieu, son père, joint à un
respect très profond et à la plus grande humilité qui fut jamais ; secondement, une patience
infinie dans les maux, une douleur extrême
pour les péchés dont il s'était chargé, la confiance d'un fils très tendre alliée avec la con-
fusion d'un très grand pécheur ; troisièmement,
une compassion très sensible pour nos misères,
un amour immense malgré ces mêmes misères... »

On peut affirmer que ce sentiment a été
celui de toute l'école primitive de Paray,
comme il avait été celui de l'école eudiste. Si
quelqu'un a innové, ce ne sont pas ceux qui le
soutiennent, mais ceux qui, le rejetant, ont
voulu ramener l'objet spirituel de la dévotion
au Sacré-Cœur au seul amour de Jésus-Christ.
« L'idée vivante de cette dévotion déborde de
toutes parts la formule du cœur comme emblème
d'amour uniquement, elle va chercher dans le
cœur de Jésus toute la vie intime du Dieu fait
homme, toutes les richesses cachées dans son
humanité, tout l'intérieur de Jésus. »

Qu'on lise seulement les litanies du Sacré-
Cœur et on verra qu'il en est ainsi.

PRIÈRE
de sainte Gertrude

O Cœur adorable de Jésus, le plus tendre, le plus
généreux de tous les cœurs, pénétré de reconnaissance à la vue de vos bienfaits, je viens me consa-

crer à vous sans réserve et sans retour. Je veux m'employer de toutes mes forces à propager votre culte et à vous gagner, s'il se peut, tous les cœurs. Recevez aujourd'hui le mien, ô Jésus, ou plutôt prenez-le vous-même, changez-le, purifiez-le, pour le rendre plus digne de vous. Rendez-le humble. patient, doux, fidèle et généreux, comme le vôtre, en l'embrasant de tous les feux de votre amour. Cachez-le dans votre divin Cœur, avec tous les cœurs qui vous aiment et qui vous sont consacrés, et ne permettez pas que je le reprenne jamais. Ah! plutôt mourir que de jamais contrister votre Cœur adorable. Oui, Cœur de Jésus, toujours vous aimer. vous honorer, vous servir, toujours être à vous : c'est le vœu de mon cœur, à la vie, à la mort et dans toute l'éternité. Ainsi soit-il.

Pratique

A l'exemple des saints, aimer, surtout à l'heure du danger, à se réfugier dans la blessure du Cœur de Jésus pour y trouver asile, assistance et protection.

Invocation

Jésus doux et humble de cœur, rendez mon cœur semblable au vôtre (1).

Jesu mitis et humilis corde, fac cor meum sicut cor tuum.

(1) Indulgence de 300 jours. (Pie X. 13 septembre 1905.)

CINQUIÈME JOUR

PREDOMINANCE DE L'OBJET SPIRITUEL
DANS LA DÉVOTION AU SACRÉ CŒUR DE JÉSUS

I. L'objet premier et principal de la dévotion au sacré Cœur de Jésus n'est pas l'organe, mais les sentiments qu'il symbolise.

II. L'organe et les sentiments ne font, à proprement parler, qu'un seul et même objet ; ils se confondent et sont honorés simultanément.

III. Dans la dévotion au sacré Cœur de Jésus les hommages se terminent à la personne adorable de Notre Seigneur.

I. — *L'objet premier et principal de la dévotion au sacré Cœur de Jésus n'est pas l'organe, mais les sentiments qu'il symbolise.* — Faire de l'organe, comme le voudrait une fraction de l'école néo-parodienne, l'objet propre et principal, bien plus l'objet unique et total de la dévotion au sacré Cœur de Jésus, de telle sorte que l'amour de Notre Seigneur et ses autres dispositions n'interviennent que comme simples motifs pour expliquer et légitimer les honneurs rendus au cœur physique, c'est matérialiser cette dévotion, en dénaturer l'esprit et s'écarter de l'enseignement commun.

Sous l'emblème de son cœur on honore la charité et les autres sentiments de l'âme du Sauveur, comme on révère la patrie sous le symbole du drapeau.

« Le cœur de Jésus, a dit le cardinal Gerdil, est une image, un symbole qui représente l'amour du Christ pour les hommes et ses amabilités infinies... En approuvant ce culte spécial, les souverains Pontifes se sont, avant tout, proposé de nous faire méditer et vénérer, sous l'image symbolique du cœur, l'immense charité du Christ. »

Le culte va à l'organe, mais il n'y va pas pour s'y arrêter ; derrière le signe, il vise la chose signifiée. Il s'adresse principalement à la charité de Jésus, « sous la figure de son cœur de chair », comme s'exprime la bienheureuse Marguerite-Marie.

Cela ressort d'une manière évidente des actes officiels de l'Église, des déclarations les plus autorisées des apôtres de la dévotion parodienne et du témoignage d'auteurs qui n'ont jamais passé pour avoir une tendance exagérée à diminuer le rôle et à réduire la part de l'élément sensible dans la dévotion au sacré Cœur de Jésus.

Il est complètement inexact de dire que « l'amour et les autres amabilités de Jésus » n'interviennent dans le culte de son Cœur sacré qu'au titre de motif. L'amour et les autres amabilités de Notre Seigneur sont bien le motif de nos hommages, mais ils en sont aussi l'objet et l'objet de beaucoup principal.

Le décret de la Congrégation des Rites de 1765 ne laisse pas place au moindre doute sur ce point. Il ne saurait être plus net et plus catégorique. Il l'est au point que certains ont prétendu qu'il excluait tout autre objet que l'objet spirituel. « Par la concession de cet office et de cette messe, y lit-on, il s'agit simplement d'amplifier un culte déjà établi et de rappeler symboliquement le souvenir de ce divin amour par lequel le Fils unique de Dieu s'est revêtu de notre nature humaine et s'est fait obéissant jusqu'à la mort. »

Pie VI, repoussant, en 1781, les attaques injurieuses de Ricci, n'est ni moins catégorique ni moins net. Il dit : « La dévotion au sacré Cœur de Jésus, suivant les déclarations du Saint-Siège, a pour unique but de méditer et de vénérer, sous l'image symbolique du cœur, l'immense amour et la charité surabondante du divin Rédempteur des hommes. »

L'office du Sacré-Cœur approuvé pour toute l'Église évoque continuellement l'idée de l'amour de Notre Seigneur et des marques touchantes qu'il nous en a données. A l'invitatoire, il propose à nos adorations « le Christ qui a souffert pour nous », et il déclare, à la VIᵉ leçon, que Clément XIII n'a établi la fête du sacré Cœur de Jésus « qu'afin que les fidèles honorent avec plus de piété et de ferveur, sous le symbole du cœur sacré de Jésus, l'amour dont le divin Sauveur a fait preuve en souffrant et en mourant pour nous ».

Cette doctrine, qui a été celle du P. Eudes

et de ses devanciers, a été aussi celle de la B. Marguerite-Marie et de ceux qui ont le mieux connu sa pensée. Voici, en effet, ce que dit le P. Croiset dont le livre a été comme revu par la sainte. Elle en avait instamment sollicité la composition et elle en a loué sans réserve la rédaction. « L'objet particulier de cette dévotion, y est-il écrit, est l'amour immense du Fils de Dieu, qui l'a porté à se livrer pour nous à la mort et à se donner tout à nous dans le très saint Sacrement de l'autel, sans que la vue de toutes les ingratitudes et de tous les outrages qu'il devait recevoir, en cet état de victime immolée jusqu'à la fin des siècles, ait pu l'empêcher de faire ce prodige...

« Il est aisé de voir que l'objet et le motif principal de cette dévotion est l'amour immense que Jésus-Christ a pour les hommes qui n'ont pour la plupart que du mépris ou de l'indifférence pour lui (1). »

« Quiconque, a écrit de son côté le P. de Galliffet, voudra considérer sérieusement la nature de cette fête entendra que, sous le nom et le titre de Cœur de Jésus, c'est vraiment la fête de l'amour de Jésus que l'on célèbre..., la fête du très aimable et très aimant Sauveur des hommes. »

A ces témoignages on pourrait en ajouter une foule d'autres presque aussi autorisés, mais il est bien inutile d'en apporter de nouveaux. Ceux qui précèdent suffisent. La cause peut être considérée comme entendue, et il

____

(1) *La dévotion au sacré Cœur de Jésus*, Iʳᵉ partie ch. I.

résulte rigoureusement de ce qui vient d'être dit que de toutes les formules la plus exacte, la seule même vraiment exacte, est la suivante : l'objet propre de la dévotion au sacré Cœur de Jésus, c'est l'amour de Jésus perçu sous le symbole de son cœur de chair.

II. — *Dans la dévotion au sacré Cœur de Jésus, l'organe et les sentiments qu'il symbolise ne font, à proprement parler, qu'un seul et même objet.* — La théorie d'un double objet — objet sensible et objet spirituel — est séduisante. Elle paraît simple et rationnelle. Elle donne pleine satisfaction à l'esprit en lui permettant de se faire une idée nette de la dévotion au sacré Cœur de Jésus. Elle est très défendable, à la condition de bien faire remarquer que les deux objets sont indivisiblement unis, qu'on les honore par un même acte et que, de ce fait, le culte garde une parfaite unité.

Malgré cela, nombreux sont ceux qui, avec raison, ne voudraient pas qu'on parle de dualité d'objet. Il n'y en a qu'un, car l'objet sensible et l'objet spirituel se confondent au point de ne faire qu'un seul et même objet. Le signe et la chose signifiée, le cœur de chair et les sentiments qu'il symbolise constituent un tout unique.

« L'objet propre de la dévotion au Sacré-Cœur, ce n'est ni le cœur de chair à l'exclusion de l'amour, ni l'amour à l'exclusion du cœur, mais le cœur et l'amour. Qui dit le *Cœur de Jésus* dit ces deux choses ou plutôt ne dit qu'une seule chose composée, pour ainsi dire, de deux éléments inséparablement conjoints dans l'unité d'un même objet, comme le corps et l'âme se combinent dans l'unité substantielle d'une seule et même nature.

« J'adore le cœur matériel de Jésus; mais, en l'adorant, je le considère comme le symbole vivant qui personnifie pour moi tout son amour. J'adore l'amour de Jésus; mais, en l'adorant, je le considère dans la manifestation naturelle et sensible où Jésus me le montre, dans le cœur de chair. Ce qu'il y a de principal, c'est l'amour; car les actes dont ce culte est formé ne descendent pas de l'amour au cœur, ils montent du cœur à l'amour. Cependant le cœur physique est l'auxiliaire sacré qui met l'amour à la portée de ma faiblesse; car c'est par lui qu'il se révèle à moi, par lui qu'il me touche, en lui que je l'atteins (1). »

Parmi ceux qui soutiennent cette manière de voir incontestablement juste, deux formules sont employées pour résumer la doctrine concernant l'objet propre de la dévotion au sacré Cœur de Jésus. Les uns disent : l'objet, c'est le cœur de Jésus symbolisant son amour; les autres : c'est l'amour de Jésus symbolisé par son cœur de chair.

De ces deux formules entre lesquelles existe plus qu'une nuance, la dernière est incontestablement plus en harmonie avec tous les documents officiels et cadre mieux avec toutes les déclarations publiques de l'Eglise.

____

(1) P. Terrien, *La dévotion au sacré Cœur de Jésus*, l. I, ch. IV.

Elle réflète plus fidèlement aussi l'idée qu'on avait universellement de la dévotion au sacré Cœur de Jésus avant la B. Marguerite-Marie. Et ce qui ne peut que la recommander considérablement, c'est qu'elle se trouve presque textuellement dans la bulle doctrinale *Auctorem fidei*.

III. — *Dans la dévotion du sacré Cœur de Jésus, les hommages se terminent à la personne adorable de Jésus-Christ.* — Dans cette dévotion les hommages s'adressent directement et immédiatement aux dispositions intérieures du Sauveur rendues sensibles par le symbole de son cœur de chair, mais ils ne s'y arrêtent pas, ils vont jusqu'à la personne du Christ.

Saint Thomas et, après lui, l'ensemble des théologiens enseignent que tout respect et tout honneur vont d'eux-mêmes à la personne, à toute la personne et, en rigueur de doctrine, rien qu'à la personne.

« L'honneur, dit l'Ange de l'Ecole, à proprement parler se rend à toute la personne. En effet, nous ne disons pas : j'honore la main de tel ou tel homme, mais c'est l'homme lui-même que j'honore. Et si, parfois, il nous arrive de dire que nous honorons telle ou telle partie de la personne, cette expression, à la bien comprendre, ne signifie pas que nous honorons cette partie en elle-même, mais que c'est le tout de la personne que nous honorons en elle et par elle. » De même, quand on loue la vertu, la science, la bonté, la force, la puissance de quelqu'un, c'est ce quelqu'un qu'on loue, beaucoup plus que les qualités qu'on lui reconnaît et auxquelles on rend hommage.

Ainsi donc, quand on adore le cœur matériel de Jésus et l'amour divin qu'il symbolise, c'est Jésus qu'on adore, « le très aimant et très aimable Sauveur des hommes », comme s'exprime le P. de Galliffet.

Le cœur et l'amour semblent bien plus directement visés que la personne, pourtant dans l'intention de celui qui leur offre vénération et louanges, la personne est le vrai terme du culte. Si malgré cela, on appelle ce culte « culte du Sacré-Cœur », c'est qu'il est de règle constante en liturgie que les dévotions tirent leur nom de leur objet sensible.

PRIÈRE
de sainte Mechtilde

O très doux Cœur de Jésus, mélodieux instrument de la sainte Trinité, je vous salue.

O Cœur très aimant, précieux trésor où sont renfermées toutes les richesses des cieux, je vous salue ! Mille et mille fois je bénis et je révère votre bonté, parce que vous êtes la source de toute grâce et de toute miséricorde.

O divin Cœur de Jésus, soyez béni ! C'est de vous qu'ont jailli et que jailliront les dons du ciel dans ces âmes pures et saintes que, si souvent, vous avez enivrées de vos délices.

O Cœur de Jésus, cœur si digne d'être aimé, je veux ensevelir dans les profondeurs de votre miséricorde le lourd fardeau de mes négligences et de mes iniquités. Je veux vous offrir mes travaux, mes angoisses et mes misères ; je vous recommande ma vie et la fin de mes jours.

O Cœur de Jésus, si suave, si doux, si parfaitement aimable, offrez-vous comme une victime d'agréable odeur, en holocauste de suavité, sur l'autel d'or de notre réconciliation ; et tirez de votre plénitude de quoi suppléer à l'insuffisance de nos actes réparateurs.

Et vous, Trinité adorable, je vous loue, je vous glorifie et je vous bénis pour toutes les prérogatives dont vous avez comblé le très saint Cœur de Jésus ; je l'offre respectueusement à votre suprême majesté avec toutes ses excellences afin qu'il répare tout le mal que j'ai commis et qu'il supplée à tout le bien que j'ai négligé de faire. Ainsi soit-il.

Pratique

Faire, pendant ce mois, de l'extrême charité du Cœur de Jésus pour nous, l'objet le plus habituel de nos méditations.

Invocation

Doux cœur de Jésus, faites que je vous aime tous les jours davantage. (1).

Indulgence de 300 jours. (Pie IX, 26 novembre 1876.)

LÉGITIMITÉ DU CULTE RENDU, DANS LA DEVOTION AU SACRÉ CŒUR, A L'AMOUR DE NOTRE SEIGNEUR POUR NOUS

I. Etendue de cet amour.

II. Aspects différents sous lesquels il a été considéré.

III. Son droit à être honoré et honoré d'un culte particulier.

IV. Son besoin d'être symbolisé par un objet sensible.

I. — *Etendue de l'amour de Notre Seigneur pour nous.* — Saint Paul, écrivant aux Ephésiens, leur disait : « *Je fléchis les genoux devant le Père de Notre Seigneur Jésus, afin qu'il nous accorde de comprendre, avec tous les saints, quelle est la longueur et la largeur, la hauteur et la profondeur de la charité du Christ qui dépasse toute science* » (1).

L'intelligence humaine laissée à ses seules forces est incapable de se faire une idée,

(1) *Ephes*, III, 18, 19.

même simplement approximative, d'un amour qui, après avoir décidé le Verbe de Dieu à revêtir les haillons de notre pauvre nature, l'a poussé à nous donner des marques d'une tendresse à laquelle ne peut être comparée aucune autre tendresse. En effet, « *il nous a aimés jusqu'à se livrer pour nous* » (1).

Pour nous sauver, il a accepté tous les abaissements, toutes les fatigues, tous les opprobres, toutes les privations, toutes les souffrances ; il a bu jusqu'à la lie la coupe des ignominies et des tortures ; il a versé son sang jusqu'à la dernière goutte ; il est mort sur une croix, après nous avoir fait, la veille de sa passion, le don royal de tout son être, en instituant le sacrement adorable de l'Eucharistie.

Se tournant vers nous, Jésus peut bien nous dire ce qui a été dit autrefois à Israël : « *Que m'a-t-il été possible de faire que je n'ai pas fait ?* » On comprend donc que, montrant son cœur à la bienheureuse Marguerite-Marie, il se soit écrié : « Voilà ce cœur qui a tant aimé les hommes, qu'il n'a rien épargné jusqu'à s'épuiser et se consommer pour leur témoigner son amour. »

II. — ***Aspects différents sous lesquels on a considéré l'amour de Notre Seigneur pour nous***. — Sainte Mechtilde, sainte Gertrude et la plupart des grandes mystiques du moyen âge se plaisaient à se représenter cet amour, radieux, triomphant, vainqueur, pénétrant les âmes, les embrasant de ses ardeurs,

(1) *Galat*, II, 20 — *Ephes*, v. 2.

les enflammant de ses désirs, leur inspirant un zèle très vif de sanctification. C'est sa gloire, son éclat, ses infinies amabilités qui les frappent principalement. Aussi leur piété se traduit-elle habituellement par des élans de tendresse, des paroles brûlantes de reconnaissance et d'amour, des cantiques de joie, des *hosannas* de victoire.

Dans l'amour de Notre Seigneur pour les hommes, le P. Eudes a vu surtout un amour extrêmement miséricordieux, accueillant, dévoué, compatissant, pitoyable à toutes les faiblesses et à toutes les misères. Il considère, avant tout, la grande bonté, la tendresse indulgente, les dispositions paternelles du divin Maître. Il vit à l'époque du jansénisme, il est témoin des ravages que font dans les âmes les désolantes doctrines de cette subtile hérésie. il veut réagir, et au Dieu froid, sec, lointain, sévère et intimidant de la secte, il oppose un Dieu infiniment bon, infiniment tendre, infiniment accessible, un Dieu à l'égard duquel l'amour et la confiance deviennent comme naturels.

La B. Marguerite-Marie a été profondément impressionnée par les paroles qu'elle a entendues au fond d'elle-même : « Voilà ce cœur qui a tant aimé les hommes..., et pour reconnaissance je ne reçois de la plupart que des ingratitudes par leurs irrévérences et leurs sacrilèges et par les froideurs et les mépris qu'ils ont pour moi dans ce sacrement d'amour. Mais ce qui m'est encore plus sensible est que ce sont des cœurs qui me sont consacrés qui en usent ainsi. »

Sous l'influence de cette plainte touchante, la sainte visitandine aperçoit, dans l'amour de Jésus pour nous, un amour méconnu, repoussé, outragé, affligé, un amour qui souffre de la noire ingratitude des hommes, dirait-on, si le Christ ressuscité pouvait encore souffrir. C'est ce point de vue qui a tout particulièrement impressionné la confidente du Sacré-Cœur. De là, la grande place donnée à la réparation et à l'amende honorable dans la dévotion dont elle est l'apôtre.

Dans ces dernières années, surtout en France, on a peut-être accentué encore la note d'amour méprisé et outragé, et imprimé, par suite, à la dévotion au sacré Cœur de Jésus un caractère d'expiation et de pénitence qu'elle n'avait pas au début, au moins qu'elle n'avait pas au même degré. Certains n'aperçoivent l'amour de Jésus qu'à travers la buée de sang d'une Passion qui se perpétue à travers les siècles. Pour eux, la vraie manière de l'honorer, la seule qui réponde à ses désirs, consiste dans l'offrande d'un amour humble, mortifié et pénitent.

III. — *Droit de l'amour de Jésus-Christ à être honoré et honoré d'un culte particulier*. — Puisque l'amour du Sauveur est le plus tendre, le plus généreux et le plus dévoué des amours, il est tout naturel que l'Eglise le propose à notre admiration et à notre reconnaissance, il est tout naturel aussi qu'elle réclame pour lui des honneurs spéciaux. Elle ne saurait offrir à nos hommages un objet plus digne de les retenir, car proposer à notre culte l'amour de Notre Seigneur n'est autre chose que nous inviter à rendre nos devoirs à Jésus souverainement aimant ; en effet, amour de Jésus et Jésus aimant sont termes pratiquement synonymes.

On célèbre la naissance, la passion, la mort, la résurrection, l'ascension du Sauveur ; c'est-à-dire le Sauveur venant au monde, souffrant, mourant, sortant vivant du tombeau, montant aux cieux en corps et en âme. N'est-il pas tout aussi naturel et tout aussi juste de l'honorer brûlant pour nous de la plus touchante charité ? Quelle raison pourrait-on invoquer pour soutenir que le mystère de son infinie dilection n'a pas droit aux mêmes hommages pieux que ses autres mystères ?

De tous les sentiments qu'un être raisonnable est susceptible d'éprouver, l'amour et le dévouement poussés jusqu'au sacrifice de la vie n'occupent-ils pas la première place ? Peut-on imaginer quelque chose de plus beau, de plus admirable, de plus capable d'émouvoir, d'exciter la gratitude, de provoquer la réciprocité du dévouement et de l'amour ? Non certainement. Il est donc légitime et équitable de les honorer d'une manière toute particulière.

IV. — *Besoin qu'a l'amour de Notre Seigneur d'être symbolisé par un signe sensible pour être objet de culte.* — On peut concevoir l'amour de Jésus et même lui rendre les devoirs auxquels il a droit, sans qu'il soit absolument indispensable de le représenter sous une forme sensible ; mais une représentation appropriée sert puissamment à impressionner l'esprit en frappant vivement les sens, et, par là, est d'un précieux secours pour donner à la dévotion toute son ampleur. C'est à cause de cela que l'Église n'approuve jamais un culte, n'autorise jamais une fête, si ce culte et cette fête n'ont pas un objet sensible à côté de leur objet spirituel.

Il faut se souvenir, en effet, de ce qu'est la nature de l'homme. « L'homme, nous dit saint Thomas, n'est pas un pur esprit, c'est un composé de deux éléments, l'un spirituel, l'autre corporel. La loi de sa nature est qu'il arrive aux choses intelligibles par les choses sensibles... S'imaginer que des objets sensibles ne nous sont pas nécessaires pour nous élever jusqu'à Dieu par la connaissance et l'amour, c'est oublier qu'on est homme. »

Les divers postulateurs de la cause ont rappelé cette doctrine et s'en sont recommandés. « Dans toute dévotion, disait Castagnori, la faiblesse de l'homme a besoin d'un objet matériel *pour nous ravir*, comme le chante l'Église, *par les choses visibles jusqu'à d'invisibles mystères*. Il a donc fallu un symbole pour exciter notre amour envers le divin Maître ; et pouvait-on en choisir un plus expressif, un plus parfait, un plus digne que son cœur ? »

L'amour du Sauveur, considéré en lui-même, paraîtra nécessairement chose bien abstraite à beaucoup d'âmes d'une culture religieuse ordinaire. La vue du cœur de chair, du cœur transpercé par la lance, du cœur dont il a vivifié le rythme et précipité les mouvements, le met à la portée de tous et le rend, en quelque sorte, tangible en le faisant sensible.

L'utilité d'un symbole, surtout d'un symbole comme le cœur, est incontestable. Sans lui, la dévotion perdrait une grande partie de son attrait et risquerait de n'être jamais que la dévotion d'une très petite élite. A la masse il faut autre chose qu'une idée. Elle a besoin qu'on parle à ses sens.

PRIÈRE
Salut du matin et salut du soir de sainte Mechtilde

Je vous adore, je vous bénis, ô très doux Cœur de Jésus, c'est de vous que ne cesse de jaillir, comme d'une source de grâces, le miel de toute douceur et de toute suavité. Je vous remercie, du plus intime de mon cœur, de m'avoir gardé cette nuit et d'avoir pour moi rendu à Dieu, votre père, vos hommages et vos actions de grâces. Et maintenant, ô mon doux Amour, je vous offre mon cœur si misérable et si peu digne de vous ; je vous l'offre en sacrifice du matin ; je le renferme dans votre cœur si aimant et le recommande à toutes vos sollicitudes. Daignez, je vous en supplie, le remplir de vos célestes influences et l'embraser de votre saint amour.

O très doux Cœur de Jésus, je vous recommande, pendant cette nuit, mon cœur et mon corps pour qu'ils reposent paisiblement en vous ; et, parce que, pendant mon sommeil, je ne puis louer Dieu, daignez être le supplément de mon impuissance. Offrez pour moi à la sainte Trinité autant de louanges que mon cœur aura de battements, toute cette nuit. Recevez tous les mouvements de ma respiration et faites-les accepter comme des étincelles de votre amour. Ainsi soit-il.

Pratique

Matin et soir, nous recommander fidèlement au Sacré-Cœur. Dès notre réveil, mettre notre cœur dans le cœur de Jésus.

Invocation

Cœur sacré de Jésus, que votre règne arrive (1).

(1) Indulgence de 3oo jours, chaque fois. (Pie X 29 juin-6 juillet 1906.)

CAUSES QUI ONT VALU AU CŒUR PHYSIQUE DE JESUS L'HONNEUR D'UN CULTE SPÉCIAL

I. Il existe des rapports étroits entre le cœur et l'amour.

II. Ces rapports, quoiqu'incontestables, n'impliquent pas que le cœur soit l'organe générateur de l'amour.

III. Il est simplement plus profondément affecté qu'aucun autre organe par les phénomènes de l'amour.

IV. A cause de cette vive répercussion, le cœur a été considéré, de tout temps, comme le symbole réel de l'amour ; et c'est là le fondement du culte que nous rendons au cœur de Jésus.

I. — *Il existe des rapports étroits entre le cœur et l'amour*. — Les rapports ne sont contestés à peu près par personne. Les philosophes les admettent comme les physiologistes. Sur le fait de leur existence, il n'y a pas deux manières de voir. Les divergences commencent seulement quand il faut préciser leur nature.

Pour les uns, le cœur est la source, l'origine

des affections, le coprincipe physique de l'amour, l'organe dont l'âme se sert pour le produire, comme elle se sert de l'œil pour voir et de l'oreille pour entendre.

Pour d'autres, c'est le cerveau qui est l'organe producteur de l'amour, le cœur n'en est que l'organe récepteur et enregistreur par excellence. Il ne le produit pas, mais il le sent plus vivement et plus profondément qu'aucun autre organe. A cause de cela, il a mérité d'être, de tout temps, considéré comme le symbole naturel de l'amour.

La première opinion a été soutenue par les philosophes de l'antiquité et par les docteurs du moyen âge. Pendant longtemps, il n'en a pas été enseigné d'autre. Aujourd'hui, elle est presque complètement abandonnée. Seuls quelques théologiens sont encore d'avis, avec le cardinal Billot, « que le cœur est non seulement le symbole, mais l'organe de l'amour ; qu'il en est le symbole, parce qu'il en est l'organe (1) ».

II. — *Le cœur n'est pas l'organe générateur de l'amour*. — Il le ressent, mais ne le produit pas. Après les résultats bien démontrés de la science moderne, l'enseignement de la philosophie ancienne, sur le point qui nous occupe, doit être tenu pour erronné.

Les fonctions du cœur dans les phénomènes d'ordre affectif sont purement mécaniques. Le cœur n'est, en réalité, comme le foie, la rate, l'estomac, qu'un des principaux organes de la

______

(1) BILLOT, *De Verbo incarnato*, th. XXXVIII.

vie végétative. Les progrès qu'a réalisés la physiologie, au siècle dernier, ne permettent plus de le considérer comme l'organe de l'appétit sensitif, de l'amour sensible.

Son rôle est de pousser dans tout l'organisme le sang qui nourrit et vivifie les diverses parties du corps. C'est le cerveau qu'il faut considérer comme l'organe propre des fonctions affectives que l'ancienne philosophie attribuait au cœur.

L'organe cérébral, en effet, est, sous l'influence du système nerveux, le coprincipe et l'instrument de l'âme dans les phénomènes de la sensibilité affective. « C'est, dit le docteur Vulpian, dans les hémisphères cérébraux que se produisent les émotions morales, la joie, la tristesse par exemple, et c'est là que ces émotions vont mettre en jeu, par l'intermédiaire d'autres centres, ces réactions que l'on appelle émotionnelles. »

Ce sont là des faits que l'observation a démontrés. Il ne serait pas raisonnable, à l'heure actuelle, de vouloir persister dans l'ancienne opinion et de continuer à la donner comme une conclusion qui a subi l'épreuve du temps et de la science. Aussi, de plus en plus rares sont les théologiens qui la soutiennent encore. Elle n'est plus même soutenue dans le *Messager du Cœur de Jésus* où le P. Ramière, qui en était directeur, mena naguère, en sa faveur, une campagne restée célèbre. Dans cette campagne il mit tout son talent qui était grand et toute son ardeur qui était plus considérable encore au service d'une mauvaise cause.

III. — *Le cœur est plus vivement et plus profondément qu'aucun autre organe impressionné par les phénomènes affectifs.* — S'il n'est pas vrai que ce soit le cœur qui aime, si on ne peut pas dire qu'on aime avec le cœur et par le cœur, il est admis par tous les physiologistes que c'est au cœur que se répercutent avec le plus de force les sentiments violents de l'âme. « Soutenir, dit Claude Bernard, que l'amour fait palpiter le cœur n'est pas seulement une forme poétique, c'est aussi une réalité physiologique. Les sentiments que nous éprouvons sont toujours accompagnés par des actions réflexes du cœur, et bien que le cerveau soit le siège exclusif des sentiments, c'est du cœur que viennent les conditions indispensables de leur manifestation au dehors. L'expression de nos sentiments résulte d'un échange continuel d'influence entre le cœur et le cerveau. »

Le cœur ressent le contre-coup des impressions, des affections ou des répulsions produites au cerveau par les différentes sensations. Non pas que toutes les sensations communiquées au cerveau aient infailliblement leur répercussion dans le cœur; les impressions et les sensations ordinaires ne paraissent pas y avoir un écho appréciable; mais les sensations vives, les impressions profondes, les affections ou les répulsions énergiques se font sentir au cœur presque aussitôt qu'elles ont été produites par les sens au cerveau. Cela, nous l'expérimentons à chaque instant.

On a comparé, avec raison, les phénomènes de la sensibilité affective aux phénomènes qui se produisent dans un galvanomètre. Cet appareil se compose de trois parties : la pile électrique, les fils et l'aiguille du cadran. Quand l'action électrique se produit dans la pile, il survient aussitôt dans cette pile et dans les fils des modifications très réelles, mais insaisissables. C'est seulement sur l'aiguille que ces modifications se manifestent d'une manière sensible. Les moindres variations du courant, surtout quand elles sont un peu fortes, l'agitent et l'affolent. La pile est le principe et le siège des phénomènes primitifs, l'aiguille du cadran n'est que l'instrument de leurs manifestations extérieures.

Dans les phénomènes de la sensibilité affective, la pile, c'est le cerveau; les fils, ce sont les nerfs; l'aiguille, c'est le cœur. Quand l'affection se produit au cerveau, il survient aussitôt des modifications qui se communiquent aux nerfs partant de cet organe pour aller aboutir au cœur. Ces modifications sont très réelles dans le cerveau, mais elles y demeurent imperceptibles. C'est seulement au cœur qu'elles se manifestent sensiblement. Le cœur, comme l'aiguille aimantée, se trouble, s'agite et, parfois, se montre comme affolé. « Toute impression, toute sensation un peu vive, dit Magendie, retentit sur le cœur dont elle change et le rythme et l'énergie contractile. »

Parce que « le cœur est le plus sensible des organes de la vie végétative, qu'il reçoit le premier de tous l'influence nerveuse cérébrale », que « les sentiments que nous éprouvons sont toujours accompagnés par des actions réflexes du cœur », on peut dire, d'une certaine manière, que le cœur est le siège de l'amour.

IV. — *A cause de cette vive et profonde répercussion, le cœur a été pris, de tout temps, comme symbole réel de l'amour.* — Presque partout et toujours, on trouve associés le cœur et l'amour, et l'on voit le cœur pris comme signe sensible de l'amour. C'est là un fait établi par l'histoire. Ne reposerait-il sur aucune base réelle, il n'en serait pas moins à retenir et il suffirait pour conférer au cœur une valeur symbolique qui, pour n'être que conventionnelle, n'en serait pas moins indéniable; car « le symbolisme est un langage, et en matière de langage l'usage est souverain ».

Mais ce fait repose sur un fondement véritable, sur une incontestable réalité physiologique, sur les relations étroites qui existent entre le cœur et les diverses manifestations d'ordre affectif. Nous savons, autant par l'expérience personnelle que par les déclarations des maîtres de la physiologie, avec quelle force les phénomènes de cette nature se répercutent dans cet organe.

Rien n'est donc plus propre que lui à en évoquer l'idée d'une manière sensible, sa seule vue suffit pour faire penser à eux. Il est tout naturel, par conséquent, qu'on l'ait pris pour les symboliser.

De tous les organes du corps de Notre Seigneur, le cœur est le seul que l'Église ait permis d'honorer publiquement. Elle a refusé d'autoriser le culte spécial et direct de la

sainte Face elle-même. Elle tolère seulement
que l'on continue à exposer l'antique image
de la face meurtrie du Sauveur, afin de s'exciter par sa vue à un souvenir plus vif et plus
fécond de la Passion. Derrière l'image, il y a
les souffrances divines qu'elle rappelle. Ce
sont ces souffrances qu'on vénère, comme ce
sont elles encore que l'on révère dans la fête
des Cinq-Plaies et dans celle du Précieux-
Sang.

Le cœur matériel de Jésus doit l'exception
faite en sa faveur à ses rapports avec l'amour
ressenti par Notre Seigneur, surtout à son
symbolisme. « La fête du Sacré-Cœur, a dit le
P. de Galliffet, ayant pour objet spirituel
l'amour outragé par l'ingratitude des hommes,
rien n'était plus convenable que de lui donner
pour objet corporel le cœur de Jésus-Christ,
comme ayant une liaison essentielle avec
l'amour. Nous faisons la fête du cœur, parce
que nous faisons la fête de l'amour. »

PRIÈRE
du dévot Lansperge

O Jésus, par votre Cœur infiniment bon, fidèle,
aimant, miséricordieux, je vous en conjure, détruisez tout ce qui vous déplaît en moi; enlevez-moi
mon cœur, ce cœur pervers, sans amour et sans
reconnaissance, et mettez à sa place votre très saint
Cœur ou un cœur semblable au vôtre : un cœur très
doux, très chaste, très obéissant. Purifiez et simplifiez mon cœur par votre amour, blessez-le, enivrez-
le, unissez-le à votre Cœur pour toujours. Ainsi
soit-il.

Pratique

Se proposer en tout le bon plaisir de Jésus infiniment aimant.

Invocation

Cœur divin de Jésus, convertissez les pécheurs, sauvez les moribonds, délivrez les saintes âmes du purgatoire (1).

(1) Indulgence de 300 jours chaque fois. (Pie X, 13 juillet-6 novembre 1906.)

NATURE DU CULTE RENDU AU CŒUR DE CHAIR DE JÉSUS

I. Notions générales sur le culte.

II. Le culte rendu au cœur de Jésus est un culte absolu de latrie.

III. Quoique dans la dévotion au Sacré-Cœur le cœur physique de Jésus soit adoré en raison surtout de son symbolisme, ce cœur divin a droit au culte de latrie par lui-même et indépendamment de son rôle symbolique.

I. — *Notions générales sur le culte.* — Le culte est l'ensemble des devoirs religieux que l'on rend soit à Dieu, soit à la sainte Vierge, soit aux anges ou aux saints.

Le culte dû à Dieu diffère spécifiquement de celui qui est rendu aux bienheureux. On l'appelle le culte de latrie ou encore le culte d'adoration. Il consiste essentiellement dans la reconnaissance du souverain domaine sur nous de Celui à qui il s'adresse et dans l'affirmation de son infinie prééminence : reconnaissance et affirmation qui trouvent leur expression la plus parfaite dans le sacrifice.

Un culte semblable ne saurait appartenir à un autre qu'à Dieu; car Dieu seul peut revendiquer sur nous des droits absolument souverains. Seul, il est notre créateur, notre maître, notre premier principe et notre dernière fin; seul, il peut disposer de nous à sa guise et a droit de nous considérer comme sa chose. C'est un attribut incommunicable de sa nature; personne ne saurait y être associé.

Aux créatures de Dieu qui sont parvenues à la gloire on rend un vrai culte religieux, mais ce culte n'est pas de la même espèce que le culte de latrie. Il porte d'ailleurs un nom différent : le nom de culte de dulie. C'est un simple culte de louange, d'hommages, de vénération, d'amour et d'honneur. Il ne comporte aucune affirmation de dépendance; il consiste uniquement dans la reconnaissance de la supériorité et de l'excellence de celui qui en est l'objet. Il se proportionne à cette supériorité et à cette excellence.

A cause de son incomparable dignité de mère de Dieu, la sainte Vierge reçoit un culte à part auquel a été donné le nom d'hyperdulie.

Le culte de latrie et le culte de dulie peuvent être absolus ou relatifs. — Le culte est absolu lorsqu'il s'adresse et se termine à la personne ou à la chose qui le reçoit, lorsqu'il lui est rendu à cause de son excellence propre. — Il est relatif lorsqu'il est rendu à un objet non à cause de sa propre excellence, mais en raison de l'excellence de celui que cet objet rappelle, de celui à qui il a appartenu ou qu'il représente. Tel est le culte rendu aux images. Les honneurs qui le composent ne sont pas rendus à l'image à cause d'elle-même, ni pour elle-même. Ils ne s'arrêtent pas à elle, ils vont plus loin, et, à travers l'image, s'adressent à celui dont elle évoque le souvenir.

II. — *Le culte rendu au Cœur sacré de Jésus est le culte absolu de latrie.* — L'adoration est due à chacune des trois personnes divines. Le Fils et le Saint-Esprit y ont les mêmes droits que le Père. « Si quelqu'un, dit le second concile de Constantinople, ne confesse pas que le Père, le Fils et le Saint-Esprit n'ont qu'une seule nature ou essence, une seule vertu ou puissance, qu'ils sont une divinité consubstantielle, une seule divinité qui doit être adorée en trois hypostases ou personnes; qu'il soit anathème. »

Le culte de latrie ne saurait donc être refusé à celui dont saint Jean a écrit, à la première page de son évangile : « *Au commencement était le Verbe et le Verbe était en Dieu et le Verbe était Dieu* »; mais dans le temps, « *le Verbe s'est fait chair et a habité parmi nous* ». Pour nous racheter, il a pris un corps et une âme en tout semblables à notre corps et à notre âme. Il se les est unis hypostatiquement et, avec eux, il s'est montré sur la terre. Il y a vécu, il y a souffert, il y est mort sous le nom, à jamais adorable, de Jésus-Christ.

En Jésus-Christ humanité et divinité gardent tous leurs éléments constitutifs; elles y restent

intactes, distinctes, complètes; mais les deux
natures sont tellement soudées, elles sont si
intimement et si merveilleusement unies,
qu'elles ne forment qu'un seul et même individu. Elles sont réunies en une personne
unique et cette personne est la personne du
Verbe éternel.

On peut adorer le Verbe incréé, mais peut-
on adorer Jésus-Christ en tant que composé
théandrique, en tant qu'Homme-Dieu? Peut-
on surtout rendre des honneurs divins à la
partie humaine et créée de son être?

Jésus-Christ est Dieu, il doit être traité en
dieu, par conséquent recevoir tous les devoirs
qu'on rend à la divinité. Sur ce point, la
doctrine catholique a toujours été extrêmement catégorique. Tout en affirmant très haut
la dualité de nature, l'Eglise n'a jamais voulu
admettre qu'on pût diviser le Christ et lui
rendre deux cultes différents : l'un s'adressant
à sa divinité et l'autre à son humanité. Il n'y
a dans le Christ qu'une personne, il ne doit y
avoir qu'un culte. « Si quelqu'un, dit encore
le second concile de Constantinople, n'adore
pas dans une seule adoration le Dieu Verbe
incarné, avec sa propre chair, suivant la tradition primitive de l'Eglise, qu'il soit anathème. »

Suivant la tradition primitive de l'Église,
ce n'est pas seulement l'Homme-Dieu, le
composé théandrique qui a droit à nos adorations; l'humanité sainte du Sauveur y a
droit aussi. Elle ne les mérite pas, il est vrai,
par elle-même, étant quelque chose de créé;
mais elle les mérite en raison de son union

hypostatique avec le Verbe. Elle ne fait qu'un avec lui ; elle peut donc très légitimement recevoir un culte latreutique qui va à la personne dont elle relève et à qui elle appartient.

En vertu de l'union hypostatique la divinité de Jésus-Christ et son humanité sont dignes du même culte d'adoration. La seule différence consiste en ce que la divinité mérite ce culte par elle-même et par sa propre nature, tandis que l'humanité ne le mérite qu'à cause de son union avec la personne du Verbe.

III. — *Quoique dans la dévotion au Sacré-Cœur le cœur de chair de Jésus soit honoré en raison surtout de son symbolisme, ce cœur divin a droit au culte de latrie indépendamment de son rôle symbolique et par le fait seul de son union hypostatique avec le Verbe.* — Pour les motifs qui viennent d'être exposés, le culte de latrie peut être rendu non seulement à l'humanité entière de Jésus-Christ, mais encore à chacune des parties de cette humanité. Son âme, son corps, son cœur, sa face peuvent, en rigueur de doctrine, être pris comme objets de nos adorations, à la condition de ne pas être envisagés en dehors de leur union avec le Verbe.

Grâce à cette union, ils sont parties intégrantes d'une personne divine ; les hommages qu'on leur rend ne s'arrêtent pas à eux, mais ils vont à la personne du Fils de Dieu. « De tout ce qui précède, peut-on dire avec le cardinal Franzlin, il résulte évidemment

4.

qu'en adressant leur culte et leur adoration à Jésus-Christ, les fidèles peuvent d'une manière pieuse et sainte, considérer directement chacune des différentes parties de l'humanité sacrée, comme chacun des différents mystères de l'Incarnation, quand il y a une raison spéciale de les envisager comme un objet de manifestation du Verbe incarné. »

Ces derniers mots indiquent que l'on doit mettre beaucoup de réserve et de circonspection dans la pratique des dévotions particulières. Pour pouvoir prudemment honorer tel ou tel organe de Notre Seigneur d'un culte spécial, il faut un motif qui légitime ce culte. La conduite la plus sage consiste à se méfier des nouveautés et des entraînements et à ne pas s'écarter de ce qui a été autorisé par l'Église.

Toutes les parties de l'humanité du Sauveur étant hypostatiquement unies à la personne adorable du Verbe et l'étant au même titre, ont, à proprement parler, droit aux mêmes hommages. Pourtant il est facile de comprendre et de légitimer le traitement privilégié qui a été accordé au cœur.

Il mérite ce traitement de faveur surtout et avant tout, a-t-il déjà été dit, en raison de sa valeur symbolique, mais il le mérite aussi parce que de tous les organes du corps humain le cœur est sinon le plus important, au moins un des plus importants. La philosophie et la physiologie sont d'accord pour lui reconnaître un rôle capital dans l'économie de la vie; c'est lui qui vit le premier et qui meurt le dernier. A cause de cela, de tout temps et partout, on lui a reconnu une sorte de prééminence. On le

considère comme une partie spécialement
noble de notre organisme et, après la mort,
lorsqu'il a appartenu à quelqu'un qui fut cher
ou illustre, il devient l'objet d'un culte pieux;
on le regarde comme une relique précieuse et
on le conserve religieusement.

En adorant le cœur de chair de Jésus en
raison de la seule union hypostatique et abstraction faite de son symbolisme, « nous
n'adorons pas, suivant l'expression de saint
Athanase, une chose purement créée. Ce que
nous adorons, c'est le Créateur des êtres et le
Verbe de Dieu fait homme. Car, bien que sa
chair, regardée séparément et en elle-même,
fasse partie des choses créées, elle n'en est pas
moins le corps d'un Dieu. Quand nous adorons ce corps, nous ne le détachons pas du
Verbe, et, quand nous voulons adorer le
Verbe, nous ne le séparons pas de sa chair
immaculée. » Il est donc légitime d'adorer le
cœur physique de Jésus en raison uniquement de son indissoluble union avec la personne du Verbe; mais l'adorer ainsi en négligeant son symbolisme, c'est l'honorer d'un
culte qui n'est pas le culte traditionnel du
Sacré-Cœur.

PRIÈRE
de la bienheureuse Marguerite-Marie

Mettez-moi, ô mon doux Sauveur, dans votre
sacré côté et dans votre Cœur adorable, qui est une
fournaise ardente du pur amour, et me voilà en
assurance. J'espère que vous m'y introduirez, ô

mon Jésus et mon souverain Bien, puisque je vous aime, non pour les récompenses que vous promettez à ceux qui vous aiment, mais purement pour l'amour de vous-même. Je vous aime par-dessus toutes choses aimables, par-dessus toutes les bontés, par-dessus toutes les beautés, par-dessus tous les plaisirs, par-dessus enfin moi-même et tout ce qui est hors de vous, protestant en présence du ciel et de la terre que je veux vivre et mourir en votre saint amour pur et simple, et que, quand pour vous aimer de la sorte je devrais être persécutée, tourmentée et endurer la mort, j'en suis très contente et dirai toujours avec saint Paul : Il n'y a aucune créature qui me puisse séparer de la charité du sacré Cœur de Jésus-Christ, que j'aime et veux aimer éternellement. Ainsi soit-il.

Pratique

Ne rien négliger de ce qui peut nous aider à aimer le Sacré-Cœur « par-dessus toutes les choses aimables, par-dessus toutes les bontés, par-dessus toutes les beautés, par-dessus tous les plaisirs, pardessus nous-même et tout ce qui est hors de Dieu. »

Invocation

Cœur de Jésus, je mets ma confiance en vous (1).

(1) Indulgence de 3oo jours, chaque fois et indulgence plénière chaque mois, si on récite quotidiennement cette invocation. (Pie X, 27 mai 1905-5 et 27 juin 1906.)

FONDEMENTS DE LA DÉVOTION
AU SACRÉ CŒUR DE JESUS

I. La dévotion au sacré Cœur de Jésus ne repose pas, à proprement parler, sur les visions et révélations de la B. Marguerite-Marie.

II. Elle repose essentiellement sur le dogme catholique et trouve en lui sa complète justification.

I. — *La dévotion au sacré Cœur de Jésus ne repose pas, à proprement parler, sur les visions de la B. Marguerite-Marie et sur les révélations qu'elle a reçues.* — Ce serait une erreur de croire que la dévotion au sacré Cœur de Jésus se fonde surtout sur sur les déclarations de la B. Marguerite-Marie et qu'elle a pour base principale les communications que celle-ci a reçues de Notre Seigneur. Ces communications ont été pour la dévotion au sacré Cœur de Jésus le point de départ du développement extraordinaire qu'elle a pris depuis deux siècles ; elles l'ont popularisée et même, si l'on veut, renouvelée. Elles ont propagé certaines pratiques jusque-là inusitées, elles ont servi à lui donner la forme qu'elle a communément aujourd'hui ; mais on ne saurait dire qu'elle repose sur elles. Elle leur est antérieure ; car elle était connue bien avant qu'il fût question des manifestations surnaturelles de Paray-le-Monial. Celles-ci sont venues simplement la consacrer et montrer qu'elle répond aux plus chers désirs de Jésus.

Chose remarquable, l'Église ne s'est jamais appuyée sur elles pour légitimer le culte du sacré Cœur de Jésus qu'elle autorisait. Légitimité du culte et authenticité des visions ont été pour elle deux questions très distinctes. Elle les a toujours séparées et elle s'est prononcée sur la première bien avant d'aborder la seconde. Celle-ci n'a été étudiée et discutée qu'à l'occasion du procès de béatification de la pieuse servante de Dieu. Jusqu'alors, l'Église s'était abstenue de s'occuper d'une façon officielle de ses écrits et de sa mission.

Ni dans le décret de Clément XIII du 6 février 1765, ni dans la bulle de Pie VI du 28 août 1794, il n'est fait allusion à la B. Marguerite-Marie et aux communications qu'elle a reçues. Il est dit simplement dans le décret de 1765 : « Sachant parfaitement que le culte du Sacré-Cœur est aujourd'hui répandu dans presque toutes les parties du monde catholique, avec l'approbation des évêques, et qu'il a été favorisé d'un grand nombre de brefs et d'indulgences accordées par le Saint-Siège apostolique à une multitude presque innombrable de confréries érigées canoniquement sous le titre du Cœur de Jésus ; et comprenant, en même temps, que par la concession de cet office et de cette messe il s'agit simplement d'amplifier un culte déjà établi et de rappeler symboliquement le souvenir de ce divin amour par lequel le Fils unique de Dieu s'est revêtu de la nature humaine et, se faisant obéissant jusqu'à la mort, s'est donné aux hommes, nous avons cru devoir déférer aux prières des évêques de Pologne et annuler la décision du 3o juillet 1729... »

Pie VI ne fait pas davantage intervenir les révélations de Paray ; il les laisse totalement dans l'ombre. Il n'ignore pas que les jansénistes affectent de n'appeler ceux qui pratiquant la dévotion au sacré Cœur de Jésus que *cordicoles* et *alacoquistes* ; il laisse tomber l'injure, demeure sur le terrain strictement théologique et se contente d'appliquer aux diverses propositions du Synode de Pistoie les notes réprobatives qu'elles méritent.

Les écrits de Marguerite-Marie ne furent examinés qu'en 1827, et c'est seulement dans le bref de béatification, publié en 1864, que sa mission providentielle fut officiellement reconnue et proclamée. Ses visions et révélations avaient été soumises à une étude sévère : on les avait longuement discutées dans le cours du procès ; le promoteur de la foi, comme c'était son devoir, avait formulé contre elles toutes les objections qu'elles étaient susceptibles de soulever. Loin d'être improuvées, elles furent l'objet d'une approbation qui, sans trancher la question de leur authenticité et de leur caractère surnaturel, les vengeait des attaques grossières dirigées contre elles.

Mais refuserait-on d'admettre leur authenticité et leur caractère surnaturel et ne verrait-on en elles que des phénomènes d'hallucination ou d'autosuggestion, on ne serait pas autorisé à tenir pour fausse la dévotion qu'elles ont servi à propager.

Ne seraient-elles pas réelles, constitueraient-elles de simples rêveries d'un tempérament maladif, la dévotion demeurerait respectable et vraie. Elle n'est pas née d'elles, surtout elle ne repose pas sur elles. Crouleraient-elles, elle demeurerait debout; sa véritable base est une base théologique et non pas une base historique. Cette base théologique est une base inébranlable.

II. — *La dévotion au sacré Cœur de Jésus repose sur le dogme catholique et trouve en lui sa complète justification.* — Elle remonte très haut dans l'histoire de l'Eglise; elle n'est récente que par certains côtés, par certaines formes extérieures qu'on peut, à la rigueur, considérer comme des formes secondaires. Elle est un des plus beaux fruits de la piété chrétienne. Elle a poussé comme une fleur ; la tige qui la porte plonge ses racines dans les profondeurs du dogme.

Du dogme catholique tel qu'il a été formulé d'une manière très claire et très explicite par le second Concile de Constantinople, il résulte que, en raison de l'union hypostatique, nous pouvons rendre un culte d'adoration non seulement au Verbe incarné, mais encore à son humanité et même aux diverses parties de cette humanité, à la seule condition de ne pas les isoler de sa personne et de les envisager comme ne faisant avec lui qu'un seul et même être divin. Nous pouvons pareillement honorer ses dispositions, ses sentiments, ses mystères. Nos hommages, dans l'un comme dans l'autre cas, s'adressent à sa personne et se terminent à elle.

C'est sur ces principes, qui sont des articles de notre foi, que s'appuie la dévotion au sacré Cœur de Jésus, et il n'est pas nécessaire de réfléchir longtemps pour s'apercevoir qu'elle est inattaquable.

Le cœur que nous adorons n'est pas, en effet, un cœur isolé et comme extrait du corps ; c'est un cœur vivant, battant dans la poitrine de Jésus, y remplissant ses fonctions naturelles, demeurant intimement uni à l'âme et à la personne divine du Sauveur.

« Plusieurs s'y trompent, a écrit le P. de Galliffet. En entendant prononcer ce nom sacré : le Cœur de Jésus, ils bornent toutes leurs pensées au cœur matériel de Jésus-Christ ; ils n'envisagent ce divin cœur que comme une pièce de chair sans vie et sans sentiment, à peu près comme ils feraient d'une relique sainte toute matérielle. Ah ! que l'idée que l'on doit avoir de ce sacré Cœur est bien différente et bien autrement magnifique.

« Il faut le considérer comme n'en faisant qu'un, à cause de l'union étroite, avec son âme et sa divine personne ; comme le symbole naturel ou le siège de toutes les vertus et de tous les sentiments naturels du Christ, et en particulier l'immense amour qu'il a eu pour

son père et pour les hommes, comme le centre
de toutes les peine intimes que le très aimant
Rédempteur a subies, toute sa vie et surtout
durant sa passion, pour notre amour, sans
oublier la blessure qu'il a reçue sur la croix,
blessure causée non pas tant par la lance du
soldat, que par l'amour qui dirigeait le coup.
Tout cela est propre au Cœur de Jésus, tout
cela s'unit pour faire avec le cœur lui-même l'objet de cette fête ; d'où il suit, et c'est là un point
très digne de considération, que cet objet ainsi
conçu embrasse vraiment et réellement tout
l'intime de Notre Seigneur Jésus-Christ (1). »

Rien n'est donc moins sérieux que l'accusation de nestorianisme articulée par les jansénistes contre ceux qui adorent le cœur physique de Jésus. L'erreur nestorienne consistait
à séparer en Notre Seigneur l'homme et le
Dieu, au point d'en faire deux personnes distinctes et à soutenir qu'à chacune de ces deux
personnes on pouvait, malgré cela, offrir le
même culte de latrie. Nous, nous professons
que dans le Christ il n'y a qu'une personne :
la personne adorable du Verbe : et de cette
personne nous ne séparons pas le cœur de
chair qu'elle s'est uni lorsque, par amour pour
nous, elle a revêtu notre nature. Nous adorons
ce cœur « vivant dans la poitrine vivante du
Fils de Dieu » ; car, nous savons que si nous
l'isolions du reste de l'humanité et surtout de
sa divinité il n'aurait plus aucun droit à un
culte absolu de latrie. Tout au plus mériterait-
il le culte relatif que la foi nous fait rendre
aux images et aux reliques.

(1) *Mémoriale*, 17, 18.

La croyance et la pratique de l'Eglise se trouvent résumées dans ces lignes empruntées à l'encyclique *Auctorem fideli.* : « Le culte d'adoration que nous rendons à la chair vivante et vivifiante du Christ, non pour elle-même et comme à une simple chair, mais comme à une chair unie substantiellement à la divinité, n'est pas un honneur divin s'adressant à la créature, mais identiquement l'adoration même par laquelle le Verbe incarné est adoré avec sa propre chair. »

Tel est le vrai fondement sur lequel repose la dévotion au sacré Cœur de Jésus. A ce fondement d'ordre strictement théologique, certains ont voulu en joindre un autre d'ordre philosophique : l'aptitude du cœur à symboliser l'amour. Ce fondement existe, mais il est inutile d'y recourir pour légitimer la dévotion que jansénistes, protestants et philosphes ont si violemment attaquée. Le dogme suffit pour lui constituer une base contre laquelle viendront se briser tous les sophismes et tous les efforts. C'est sur lui seul que l'Eglise s'est toujours apppuyée dans les actes authentiques par lesquels elle a établi la fète et approuvé le culte du Sacré-Cœur.

Ce culte se justifie et se recommande par lui-même ; il n'a nul besoin de cautions du dehors. C'est en lui-même qu'il a été jugé et approuvé, abstraction faite totalement de communications surnaturelles à l'appui. Il a reçu une puissante impulsion des révélations de Paray, mais il ne leur doit pas sa naissance et ce n'est pas sur elles qu'il repose.

PRIÈRE
de la bienheureuse Marguerite-Marie

. O amoureux Cœur de Notre Seigneur Jésus-Christ, ô Cœur qui blessez les cœurs plus durs que la pierre, qui échauffez les esprits plus froids que la glace et attendrissez les entrailles plus impénétrables que le diamant, blessez donc, ô mon aimable Sauveur, mon cœur par vos sacrées plaies et énivrez mon âme de votre sang, en sorte que, de quelque côté que je me tourne, je ne puisse rien voir que mon divin Crucifié et que tout ce que je regarderai me paraisse teint de votre sang. O mon bon Jésus, faites que mon cœur ne se repose point qu'il ne vous ait trouvé, vous qui êtes son centre, son amour et sa félicité.

Mon aimable Jésus, par la sacrée plaie de votre Cœur, pardonnez-moi les péchés que j'ai commis par malice ou par des intentions impures. Mettez mon mauvais cœur dans le vôtre qui est tout divin, afin qu'étant continuellement sous votre sainte protection et direction, je persévère constamment à faire le bien et à fuir le mal, jusqu'au dernier soupir de ma vie. Ainsi soit-il.

Pratique

Remercier souvent Notre Seigneur d'avoir daigné, pour tirer les âmes de leur froideur, manifester les infinis trésors d'amour que renferme son Cœur.

Invocation

Aimé soit partout le Cœur sacré de Jésus (1).

(1) Indulgence de 100 jours, une fois le jour. (PIE IX 23 septembre 1890.)

BUTS DE LA DÉVOTION AU SACRÉ-CŒUR

I. Rendre à Jésus amour pour amour.

II. Le consoler des outrages et des ingratitudes des hommes.

I. — *Le premier but que l'on se propose en honorant le Sacré-Cœur est de rendre à Jésus-Christ amour pour amour.* — Dans ses apparitions à la B. Marguerite-Marie, Notre Seigneur, après avoir rappelé son extrême charité pour nous, se plaint de ne pas rencontrer la réciprocité qu'il serait en droit d'attendre. On ne répond aux ardeurs qui le consument que par l'indifférence et la froideur. On l'abreuve d'outrages, on ne lui témoigne qu'ingratitude, on méconnaît son infinie tendresse, et de cela il souffre profondément. Il se manifeste au monde pour tirer les âmes de leur torpeur et allumer en elles les flammes de la sainte dilection.

« Il me fit voir, dit la Bienheureuse en rendant compte au P. Croiset de la seconde grande apparition, que le grand désir qu'il avait d'être aimé des hommes et de les retirer de la voie de perdition lui avait fait former ce dessein de manifester son cœur aux hommes avec tous les trésors d'amour, de miséricorde, de grâce, de sanctification et de salut; afin que ceux qui voudraient lui rendre et procurer tout l'honneur, la gloire et l'amour qui seraient en leur pouvoir, il les enrichît avec abondance et profusion de ces divins trésors du cœur de Dieu, qui en était la source, lequel il fallait honorer sous la figure de ce cœur de chair... Cette dévotion était comme un dernier effort pour nous mettre sous la douce liberté de l'empire de son amour, lequel il voulait rétablir dans les cœurs de tous ceux qui voudraient embrasser cette dévotion. »

Dans une autre lettre au même P. Croiset, Marguerite-Marie écrivait : « Il m'était montré un cœur jetant des flammes de toute part, avec ces paroles : Si tu savais combien je suis altéré de me faire aimer des hommes tu n'épargnerais rien pour cela... J'ai soif, je brûle du désir d'être aimé. »

Précédemment, elle avait déclaré à la Mère de Saumaise que le but de Notre Seigneur en instituant cette dévotion était de « convertir les âmes à son amour ».

Pénétrée de ce désir ardent de Notre Seigneur de voir les hommes payer son amour par plus d'amour, la sainte visitandine de Paray consacra sa vie à lui donner satisfaction. « Si vous saviez, ma Mère, écrivait-elle à une de ses anciennes supérieures, combien je suis pressée d'aimer le sacré Cœur de Notre seigneur Jésus-Christ! Il me semble que la vie ne m'est donnée du tout que pour cela. »

S'inspirant de ses déclarations si catégoriques, le P. Croiset, son plus intime confident peut-être, a dit : « Ce n'est ici, à proprement parler, qu'un exercice d'amour : l'amour en est l'objet, l'amour en est le motif principal, et c'est l'amour qui doit en être la fin. »

Cette vérité se dégage d'une manière évidente de nombreux textes liturgiques; car elle se trouve nettement affirmée dans plusieurs passages des offices approuvés par l'Eglise, où l'on demande à Dieu « que le Saint-Esprit nous enflamme de l'amour que Notre Seigneur Jésus-Christ a fait jaillir de son cœur et qu'il a tant désire voir s'allumer ».

« Jésus-Christ, dit Pie IX, dans la bulle de béatification de Marguerite-Marie Alacoque, s'est revêtu de l'infirmité de notre chair mortelle et s'est offert à Dieu sur l'autel de la croix pour nous tirer de l'affreuse servitude du péché. Il n'a pas de plus ardent désir que d'exciter de toutes les manières dans les âmes des hommes les flammes dont son cœur est consumé, ainsi que nous le voyons dans l'Évangile en donner l'assurance à ses disciples : *Je suis venu apporter le feu à la terre et qu'est-ce que je veux si ce n'est qu'il soit allumé?* Or, c'est pour allumer d'avantage encore ce feu de charité qu'il a voulu que le culte de son sacré Cœur fût établi et propagé dans l'Eglise. »

C'est la même pensée qu'exprimait Léon XIII, lorsque dans son encyclique du 28 juin 1889, il écrivait : « Jésus n'a pas de désir plus ardent que de voir allumer dans les âmes le feu d'amour dont son propre cœur est dévoré. Allons donc à celui qui ne nous demande comme prix de sa charité que la réciprocité de l'amour. »

De tous ces témoignages et d'une foule d'autres tout aussi explicites qu'il serait facile d'apporter, il résulte de la façon la plus évidente que la fin première de la dévotion au Sacré-Cœur consiste à rendre à Notre Seigneur amour pour amour. L'Eglise, en présentant ce cœur adorable à notre vénération, nous adresse ces paroles qu'elle fait chanter aux laudes de l'office : « Qui n'aimerait quelqu'un qui aime tant lui-même ? »

II. — *Un second but que l'on se propose en honorant le Sacré-Cœur est de consoler Jésus des outrages et des ingratitudes dont il est abreuvé*. — Il ne saurait y avoir d'amour vrai sans préocccupation de consoler celui que l'on aime s'il est dans la tristesse, sans besoin de compatir aux peines qu'il éprouve et sans souci de se montrer sensible aux injures qu'il reçoit.

Quiconque aime vraiment Notre Seigneur se sent irrésistiblement porté à s'employer, dans la mesure de ses moyens, à lui faire oublier les ingratitudes, les profanations, les outrages de toute sorte auxquels il est en butte. C'est ce qui fait que, partout et toujours, l'amour du Sauveur a conduit les âmes à l'amende honorable ; partout et toujours, il s'est teinté d'un souci de réparation.

La réparation a, de tout temps, eu sa place

dans la dévotion au Sacré-Cœur, mais l'école de Paray a fait cette place beaucoup plus grande qu'elle n'avait été jusqu'alors. Certains de ses membres se sont appliqués à mettre si en relief le côté amende honorable et expiation que l'on serait en droit de se demander si, pour eux, l'expiation n'est pas la fin première et principale du culte du Sacré-Cœur.

Dans presque toutes les apparitions de Paray, en même temps qu'il parle de son amour extrême pour les hommes, Notre Seigneur se plaint de ne recevoir de la plupart d'entre eux que « des ingratitudes, des irrévérences, des froideurs, du mépris et des sacrilèges ». Aussi, depuis l'origine de la dévotion parodienne au Sacré-Cœur, tous ceux qui se sont occupés d'elle ont insisté sur son caractère d'amende honorable.

« Il faut, disait déjà en 1695 Castagnori dans son *Mémoire* à la Congrégation des Rites, rendre un culte spécial à ce très saint Cœur en reconnaissance de la divine charité qu'il a témoignée et en même temps, en réparation de son honneur qu'ont outragé les crimes perpétuels des hommes. »

« Il faut remarquer, lisons-nous dans la *Mémoire* présenté en 1765 par les postulateurs, que le Sacré-Cœur doit être regardé ici sous deux aspects : d'abord comme débordant d'amour pour les hommes, ensuite comme cruellement blessé par l'ingratitude des hommes, accablé d'outrages et, par-là, digne non seulement de notre amour, mais aussi de notre compassion. »

Le P. de Galliffet a développé la même

pensée : « Il faut encore observer ici, dit-il, un point essentiel à la nature de notre dévotion, c'est que l'amour dont le divin Cœur de Jésus est embrasé, doit être considéré comme un amour méprisé et offensé par l'ingratitude des hommes... Le Cœur de Jésus doit être considéré ici sous deux rapports : d'une part, comme embrasé d'amour pour les hommes; et de l'autre, comme cruellement offensé par l'ingratitude de ces mêmes hommes. Ces deux motifs, unis ensemble, doivent produire en nous deux sentiments également essentiels à la dévotion à ce sacré Cœur : savoir, un amour qui répond au sien et une douleur qui nous porte à réparer les injures qu'il souffre de la dureté des hommes. »

De toutes les formes de l'ingratitude des hommes il en est une particulièrement pénible à Notre Seigneur. Elle l'atteint à l'endroit le plus sensible de son cœur très aimant. C'est d'elle surtout qu'il se plaint à sa pieuse confidente visitandine. Elle consiste dans les irrévérences et les profanations sans nombre dont il est abreuvé dans l'adorable sacrement de l'Eucharistie.

Nulle part, il ne nous manifeste sa tendresse d'une manière plus touchante que dans l'Eucharistie; nulle part, par conséquent, il n'est en droit d'attendre plus de reconnaissance, de bonne volonté, de préoccupation de lui plaire et d'amour. On comprend qu'il lui soit extrêmement pénible de voir repousser ses avances, déserter un banquet auquel il nous convie avec des instances si pressantes et répondre par l'indifférence, par l'abandon, quand ce n'est pas par le dédain et même par l'outrage, aux ardeurs dont brûle son âme dans un sacrement qu'il n'a institué que pour résider au milieu de nous, afin de nous servir de consolateur, de guide, de soutien, d'ami et de surnaturel aliment.

Dans son délaissement, il cherche auprès de nous quelque consolation ; il attend que nous nous montrions sensibles aux injures dont il souffre, il demande que nous nous préoccupions de les réparer en nous conformant avec une pieuse fidélité aux désirs de son cœur.

Ces désirs, il a daigné les manifester à la B. Marguerite-Marie. Après lui avoir exprimé la peine profonde qu'il ressentait « de ces ingratitudes et des ces méconnaissances qui lui sont bien plus sensibles que tout ce qu'il a éprouvé dans sa passion », il la pressait de « suppléer », suivant son expression, à tant d'indignes offenses. « Ma fille, lui disait-il, je viens dans le cœur que je t'ai donné, afin que par ton ardeur tu répares les injures que j'ai reçues des cœurs tièdes et lâches qui me déshonorent dans le saint Sacrement. »

La dévotion au Sacré-Cœur telle qu'elle a été propagée par la B. Marguerite-Marie, a un incontestable caractère de réparation. « Une de ses fins principales, dit Léon XIII toujours dans l'encyclique du 28 juin 1889, c'est d'expier, par nos hommages d'adoration, de piété et d'amour, le crime d'ingratitude si commun parmi les hommes et d'apaiser la colère divine. »

PRIÈRE
de saint Alphonse de Liguori

O Jésus, mon adorable Maître, ô vous qui par amour pour les hommes demeurez jour et nuit dans nos tabernacles, toujours rempli pour nous de miséricorde et d'amour ; ô Cœur sacré qui attendez, appelez et accueillez tous ceux qui viennent vous visiter, je vous crois présent dans le Sacrement de l'autel. De l'abîme de mon néant, je vous adore et je vous remercie de toutes les grâces que vous m'avez faites, spécialement de vous être donné vous-même à moi dans ce sacrement, de m'avoir donné pour avocate Marie, votre auguste mère, et de m'avoir appelé à vous visiter dans nos églises.

Je salue aujourd'hui votre très aimant et très aimable Cœur ; et je le fais, ô Jésus, pour trois fins principales : premièrement pour vous remercier de l'inestimable don de l'Eucharistie ; secondement, pour réparer les injures que vous avez reçues dans ce sacrement, des infidèles, des hérétiques et des mauvais catholiques ; troisièmement enfin, pour suppléer, par mes adorations, à ce que les hommes vous refusent partout où, dans votre sacrement d'amour, ils vous laissent abandonné et oublié.

O mon Jésus, je vous aime de tout mon cœur, je me repens d'avoir tant de fois déplu à votre bonté infinie. Je prends la résolution d'être désormais, moyennant votre grâce, fidèle à éviter le péché. Malgré ma profonde misère, je me consacre en ce moment tout à vous ; je vous donne sans réserve et sans partage toute ma volonté, toutes mes affections, mes désirs, en un mot tout ce qui m'appartient. Désormais, disposez de moi et de tout ce qui est à moi selon votre bon plaisir. Je ne vous demande et ne veux que votre saint amour, la persévérance finale et l'accomplissement parfait de votre volonté. Ainsi soit-il.

Pratique

ous les jours, quand la chose nous est possible, aller passer un peu de temps devant le tabernacle pour consoler le Cœur de Jésus de l'abandon et de l'oubli dans lequel on l'y laisse.

Invocation

Loué et remercié soit, à tous les moments, le Cœur de Jésus dans tous les tabernacles du monde, jusqu'à laconsommation des siècles (1).

(1) Indulgence de 100 jours. (PIE IX, 29 février 1868.)

<u>*ONZIÈME JOUR*</u>

ROLE RESPECTIF DE L'AMOUR ET DE LA RÉPARATION DANS LA DÉVOTION AU SACRÉ CŒUR DE JÉSUS

I. L'amour répondant à l'amour forme le trait caractéristique et la fin principale de la dévotion au sacré Cœur de Jésus.

II. La réparation ne vient qu'en second lieu et à titre de fin accessoire.

I. — L'amour répondant à l'amour forme le trait caractéristique et la fin principale de la dévotion au sacré Cœur de Jésus. — Rendre à Jésus amour pour amour constitue le but premier et la pratique essentielle de la la dévotion au Sacré-Cœur. Là-dessus, sainte Mechtilde, sainte Gertrude, saint Bernard, saint Bonaventure, saint François de Sales sont encore plus catégoriques, si c'est possible, que la bienheureuse Marguerite-Marie.

Toute la vie de celle-ci peut se résumer en ces quelques mots adressés au P. Croiset : « Aimer et faire aimer le Cœur sacré de Jésus, et, par ce Cœur, Dieu qui l'a fait et qui nous le donne. »

Elle a écrit dans son autobiographie :
« Notre Seigneur me fit connaître que le
grand désir qu'il a d'être parfaitement aimé
des hommes lui avait fait former le dessein
de leur manifester son cœur... Jésus-Christ
règnera malgré ses ennemis et se rendra le
maître et le possesseur de nos cœurs ; car c'est
sa principale fin dans cette dévotion que de
convertir les âmes à son amour. »

Elle aurait voulu avoir mille cœurs et mille
esprits afin de pouvoir l'aimer davantage.
« Consumée d'une charité très ardente pour
le Sauveur Jésus, est-il dit dans le décret sur
ses vertus et sur ses miracles, elle s'appliqua
de toutes ses forces et par des paroles enflam-
mées à porter les fidèles à son amour par le
moyen de la dévotion au Sacré-Cœur. »

Il est bien vrai que, presque toujours, elle
parle de réparation en même temps que
d'amour ; mais il n'y a qu'à lire ses écrits
pour se rendre compte qu'à ses yeux, c'est
l'amour qui prime tout et passe avant tout.
Elle aime et demande qu'on aime son divin
Maître, afin qu'il soit consolé des froideurs,
des ingratitudes et des outrages dont l'abreu-
vent tant d'âmes qui ne répondent à toutes ses
avances que par le mépris et les offenses.

Dans sa dévotion, l'amende honorable occupe, nous l'avons dit, une place considérable ; elle est mise plus en vue que dans la
dévotion des saints et des saintes qui ont été
ses précurseurs ; mais elle n'arrive qu'au second rang, le premier est réservé à l'amour.

C'est ce que tous les postulateurs ont déclaré. « La fin de la nouvelle dévotion, disait

en 1697 Castagnari, est de payer un tribut d'amour à la source même de l'amour. » « La première fin que l'on ait en vue, écrivait en 1727 le P. de Galliffet, est de répondre à l'amour du Christ. »

C'est ce que le P. Croiset a indiqué nettement quand il a dit : « Ce n'est ici proprement qu'un exercice d'amour : l'amour en est le motif principal, et c'est l'amour qui doit en être la fin. »

C'est ce que l'Église a proclamé dans de nombreux monuments. Qu'il suffise d'en indiquer quelques-uns : offices liturgiques ou actes pontificaux.

Tout dans l'office tend à inspirer un grand amour pour celui qui le premier nous a tant aimés.

« Nous vous supplions, Seigneur, lisons-nous dans la secrète de la messe, que le Saint-Esprit nous enflamme de l'amour que Notre Seigneur Jésus-Christ a fait jaillir de son cœur, sur la terre, et dont il a voulu qu'elle soit embrasée. » Le fruit propre de la fête et de la dévotion est donc un redoublement d'amour pour Notre Seigneur.

Pie IX nous le dit très formellement. S'il a étendu à toute l'Eglise la fête du Sacré-Cœur, « c'est pour donner à tous les fidèles de nouveaux stimulants pour qu'ils rendent amour pour amour à celui qui nous a aimés et a lavé nos péchés de son sang. » S'il a élevé, pour certains pays, la solennité au rit de première classe, il l'a fait « pour que la très aimable dévotion au Cœur sacré de Jésus se développe plus largement et jette des racines plus profondes dans le cœur des fidèles et que, par ce moyen, la charité, qui s'est refroidie chez un grand nombre, se rallume et se ravive aux flammes du divin amour ».

De tous ces témoignages il résulte clairement que le but premier et principal, que le but propre et direct de la dévotion au Sacré-Cœur est de rendre à ce Cœur adorable amour pour amour.

Il est si vrai qu'il en est ainsi que l'on a pu dire qu'on « ne trouvait pas la réparation désignée expressément dans les monuments les plus connus de la liturgie ». Dans tous, c'est de l'amour et de l'amour à peu près exclusivement qu'il est question. Ce qui ne signifie nullement qu'il y a quelque chose à retirer de ce qui a été dit à la fin de l'exercice d'hier.

II. — *La réparation ne vient, dans la dévotion au Sacré-Cœur, qu'en second lieu et qu'à titre de fin accessoire.* — La réparation est bien une des deux fins de la dévotion au Sacré-Cœur, mais elle n'en est que la fin secondaire. Cela, certains seraient tentés de l'oublier, en France surtout. Depuis une cinquantaine d'années, on y a une tendance peut-être exagérée à voir dans cette dévotion une dévotion d'expiation et de pénitence. Au milieu de ses tristesses, de ses épreuves, de ses deuils, notre pays a mis ses plus chères espérances dans la pratique de ce culte de réparation et semble avoir adopté, comme expression de sa prière, le cantique si souvent répété : *Pitié, mon Dieu...*

Marguerite-Marie avait ouvert cette voie, on a été beaucoup plus loin qu'elle. On a accentué le caractère amende honorable et expiation sur lequel elle avait insisté, on l'a accentué jusqu'à en faire le caractère pour ainsi dire distinctif de la dévotion au Sacré-Cœur.

En agissant de la sorte, on s'est écarté des données traditionnelles. On ne trouve rien de semblable ni dans sainte Mechtilde, ni dans sainte Gertrude, ni dans saint Bonaventure, ni dans Tauler, ni dans Suso, ni dans Louis de Blois, ni dans Lansperge, ni dans le P. Eudes, ni dans aucun de ceux qui ont été, avant le xviii° siècle, les représentants les plus autorisés de la pensée mystique par rapport au Sacré-Cœur.

Si on lit les ouvrages écrits antérieurement à cette époque sur la dévotion qui nous occupe, on constatera aisément que la gloire du Cœur de Jésus, que son amour, que sa bonté, que ses autres perfections, que ses infinies amabilités, en un mot, occupèrent plus que ses tristesses les âmes qui ont été les initiatrices de son culte.

Il y eu dans le passé et il y encore, surtout dans les pays autres que la France, des chrétiens nombreux convaincus que dans la pratique de la dévotion au Sacré-Cœur on doit voir autre chose que des péchés, des ingratitudes, des larmes, du repentir ou du sang, et qu'il faut que les cantiques de joie, que les élans d'amour et de reconnaissance, non seulement se mêlent aux chants attristés de la réparation et aux gémissements de l'expiation, mais qu'ils les dominent.

Pour ces chrétiens qui, prêtant l'oreille aux prières échappées de l'âme des saints, ont perçu surtout des accents de tendresse et des paroles d'amour, la vraie manière de concevoir le Sacré-Cœur est de se le représenter tel qu'il s'est manifesté à la B. Marguerite-Marie : « tout éclatant de gloire avec ses cinq plaies brillantes comme cinq soleils et de cette sacrée humanité sortant des flammes de toute part, mais surtout de son adorable poitrine qui ressemblait à une fournaise, poitrine qui, s'étant ouverte, découvrit son tout aimant et tout aimable Cœur, qui était la vive source de ces flammes. »

Ce Cœur divin est bien montré transpercé, entouré d'une couronne d'épines, surmonté d'une croix, mais ces souvenirs et ces instruments de la Passion ne sont là que pour rendre plus sensible encore l'étendue de l'amour qui a fait accepter à Jésus, afin de nous sauver, les souffrances les plus cruelles et la mort la plus ignominieuse.

PRIÈRE
de saint Alphonse de Liguori

Cœur de Jésus, je ne veux plus résister à votre amour. De grâce, par vos mérites, ne permettez pas que je vous offense encore ; faites que je cesse d'être ingrat, ou que je cese de vivre. Vous voulez mon salut, je veux aussi sauver mon âme, afin de chanter éternellement vos miséricordes dans le ciel. O Jésus, ne me délaissez pas. Vous ne m'abandonnerez pas, je le sais, si je ne suis le premier à m'éloigner de vous ; mais ma faiblesse est si grande que ce malheur, ô Jésus, peut toujours m'arriver. Je vous en conjure, ô aimable Sauveur, par la mort douloureuse que vous avez endurée pour moi sur la croix, fortifiez-moi au moment de la tentation, et surtout accordez-moi la grâce de recourir à vous aussitôt que je serai tenté. Je vous aime, Bonté infinie, et j'espère vous aimer toujours. Attachez-moi à votre Cœur adorable par les douces chaînes de votre amour, afin que mon âme ne se sépare jamais plus de vous. Ainsi soit-il.

Pratique

Ne craindre rien tant que de faire de la peine au Cœur très aimant de Jésus.

Invocation

Cœur de Jésus, victime de charité, faites que je sois pour vous une hostie vivante, sainte, agréable, à Dieu. (1)

Cor Jesu, caritatis victima, fac me tibi hostiam viventem, sanctam, Deo placentem.

(1) Indulgence de 50 jours. (Pie X, 27 février 1907.)

PRATIQUE DE LA DÉVOTION AU SACRE CŒUR DE JÉSUS

I.   Culte intérieur du sacré Cœur de Jésus.

II. Culte extérieur.

III. Culte public ou liturgique.

I. — ***Culte intérieur du sacré Cœur de Jésus***. — Toute dévotion se compose d'actes de deux sortes : d'actes intérieurs et d'actes extérieurs. — Les premiers sont produits par les seules facultés de l'âme et se consomment entièrement dans le sanctuaire de la conscience. — Les seconds sont exécutés avec le concours des organes du corps et tombent sous les sens. Ils servent à manifester au dehors les impressions, les sentiments, les dispositions diverses du dedans. Le culte extérieur n'est que le rayonnement de la piété intérieure. Le vrai foyer de toute dévotion se trouve dans l'âme. Les manifestations sensibles n'ont de réelle valeur religieuse qu'à la condition d'être vivifiées par la ferveur intérieure.

« Les actes intérieurs, nous dit le P. de

Galliffet, appartiennent aux trois puissances de l'âme : l'entendement, la mémoire et la volonté. Chacune de ces trois puissances a ses actes propres, essentiels à chaque dévotion particulière. Les actes de l'entendement consistent dans les connaissances qui découvrent les perfections de l'objet et donnent une juste idée de son excellence, d'où naît une estime proportionnée à ces connaissances. Les actes de la volonté sont les affections qui naissent aussi de ces connaissances et qui répondent à la nature et à l'excellence de l'objet : comme l'adoration, la soumission, l'amour, la confiance, la reconnaissance, etc. Enfin, les actes de la mémoire ne sont autres qu'un souvenir fréquent du même objet et des qualités qui le rendent digne de notre culte. Voilà en général l'idée de la dévotion intérieure (1). »

Si on fait l'application de ces principes généraux à la dévotion au sacré Cœur de Jésus, il en résulte que le premier acte du culte intérieur consiste à bien étudier ce Cœur divin, c'est-à-dire Notre Seigneur souverainement aimant, à nous pénétrer de ce qui constitue son excellence propre : « sa dignité, sa sainteté, ses grandeurs, ses vertus, ses prérogatives, son amour, ses souffrances, les trésors de grâce qu'il renferme ; en un mot, tout ce qui le rend le plus digne objet des complaisances du Père éternel, de l'adoration et de l'amour des hommes. De toutes ces connaissances doit naître dans l'entendement une estime infinie de ce même Cœur. Voilà le fon-

(1) *L'excellence de la dévotion au Cœur adorable...*, 1-III, préambule.

dement essentiel de toute la dévotion. Ainsi le premier soin de ceux qui veulent y participer doit être d'acquérir ces connaissances, ce qui se fait par la lecture, la méditation et la prière (1). »

On commence par se profondément pénétrer des infinies amabilités de Notre Seigneur et des si touchantes marques de tendresse qu'il nous a données, afin d'impressionner la volonté et d'arriver plus sûrement à concevoir à son égard de vifs sentiments d'adoration, de reconnaissance, de confiance, de louange, d'action de grâce, surtout d'amour. Il faut, en effet, ne pas oublier que l'acte capital, l'acte propre de la dévotion au Sacré-Cœur est l'amour de celui qui le premier nous a si « excessivement aimés ».

L'amour de Jésus n'exclut ni l'adoration, ni les louanges, ni les remerciements, ni la confiance, ni la prière, ni aucun des autres sentiments religieux. Il les appelle, au contraire; il les intensifie même. Seulement, il leur donne un caractère, en quelque sorte, particulier, en les pénétrant profondément et en leur servant de base.

Étudier Jésus-Christ souverainement aimable et souverainement aimant, l'aimer et l'honorer sous l'emblème de son Cœur de chair, non pas comme il le mérite, ce qui est impossible, mais de tout notre cœur, de toute notre âme, de toutes nos forces : voilà en quoi consiste principalement le culte intérieur au sacré Cœur de Jésus. Ce culte peut se résu-

(1) P. de GALLIFFET, *Op. cit.*, l. III, ch. 1.

mer en ce mot de l'évangile de saint Jean :
« Aimons donc le Seigneur, parce qu'il nous
« a aimés le premier ; *Nos ergo diligamus*
« *Deum quoniam ipse prior dilexit nos.* »

L'amour du Sauveur, s'il est sincère et
vrai, nous conduira comme naturellement à
trois choses : à éviter ce que Jésus défend, à
faire ce qu'il désire, à imiter ses dispositions
et à reproduire ses exemples. Avec l'Eglise
nous devons souvent répéter : « Seigneur,
accordez-nous d'imiter, avec votre grâce, ce
que nous honorons. *Da, quæsumus, Domine,
imitari quod colimus.* »

L'imitation est une forme de culte et une
des meilleures. Sans elle, toute dévotion est
incomplète ; elle manque de ce qui doit en
être le couronnement en quelque sorte obligé.
On ne peut pas réellement aimer sans
éprouver, d'instinct, le besoin de copier, de
reproduire en soi les perfections que l'on
découvre dans ceux que l'on aime et qui con-
tribuent à nous attacher à eux.

II. — ***Culte extérieur du sacré Cœur de
Jésus.*** — Notre Seigneur tient surtout à être
honoré par l'âme, car l'âme est le foyer de
toute vraie piété ; mais, loin de désapprouver
que nous associions les lèvres au culte rendu
par le cœur, il souhaite que les deux éléments
dont se compose notre nature — élément spirituel et élément corporel — aient leur part
dans les hommages que nous lui rendons.

Le culte extérieur a toujours été recommandé par l'Eglise ; elle l'a, elle-même, prati-
qué dès ses plus lointaines origines, se con-

formant en cela aux conseils et aux exemples de son divin fondateur. Ce culte est plus qu'un devoir pour les chrétiens, c'est un besoin. On a besoin de traduire au dehors tout sentiment un peu vif de l'âme. Quiconque aime fortement au fond de son être ne pourra s'empêcher d'en laisser paraître quelque chose extérieurement. Le culte extérieur est donc demandé par le culte intérieur comme un complément presque nécessaire.

De plus, s'il lui emprunte la plus grande partie de son prix, il lui sert jusqu'à un certain point d'aliment indispensable. Chez beaucoup de personnes, la dévotion intérieure serait exposée à décroître rapidement si elle n'était soutenue, stimulée et entretenue par des pratiques auxquelles les sens participent. Cela tient à la constitution même de notre être; et c'est un fait d'expérience que, partout où a baissé la pratique extérieure, la foi et la ferveur ont rapidement baissé, elles aussi, et baissé dans des proportions à peu près identiques.

Par conséquent, quoique la dévotion au Sacré-Cœur, en raison de son objet matériel essentiel et de son objet formel, soit une des plus immatérielles parmi les dévotions, elle n'exclut pas les pratiques extérieures; elle les appelle, au contraire.

Parmi ces pratiques, les unes sont approuvées par l'Eglise ou consacrées par l'usage; de celles-là on peut se servir sans crainte. D'autres sont dépourvues de tout titre extrinsèque qui les recommande, il en surgit tous les jours. Plusieurs seraient facilement superstitieuses ; à leur égard, la prudence demande qu'on se tienne dans une grande réserve.

On ne se tiendra jamais trop en garde contre des nouveautés et des rêveries qui n'ont souvent de réellement pieux que le nom. Il convient de laisser au temps et à l'autorité compétente le soin de les mettre à l'épreuve et de nous apprendre s'il faut les adopter ou les rejeter. En attendant, nous agirons sagement en nous abstenant de nous en servir et en nous contentant, jusqu'à plus ample information, de celles qui ont été préconisées par les apôtres les plus autorisés de la dévotion au Sacré-Cœur. Ces pratiques ont suffi à la piété de nos pères, elles peuvent largement suffire à la nôtre.

Ce n'est pourtant pas que l'Eglise interdise pour le culte privé de se servir de pratiques ou de formules qu'elle n'a point approuvées. Chacun est libre, jusqu'à un certain point, d'employer celles qu'il préfère ; mais, si on éprouve le besoin de recourir à des innovations, on doit avoir grand soin de s'interdire tout ce qui ne serait pas en harmonie parfaite soit avec les données du dogme, soit avec les principes de la discipline, soit avec les règles générales de la piété chrétienne.

Les principales pratiques extérieures du culte du Sacré-Cœur consistent à célébrer sa fête, à honorer ses images, à visiter ses autels, à entrer dans ses confréries, à célébrer ses louanges, à réciter son office, à entendre des messes, à dire des prières, à communier, à s'imposer des pénitences, à faire des aumônes et d'autres bonnes œuvres en son honneur.

III. — *Culte public et liturgique*. — Le culte extérieur est privé ou public. — Il est privé, quand celui qui le rend agit en son propre nom, sans aucune mission ou délégation officielle, en tant que personne particulière. — Il est public, quand il est rendu au nom de l'Eglise, par quelqu'un de qualifié pour cela et dans les formes établies par elle. Ces formes sont déterminées par la liturgie; et c'est à cause de cela que le culte public est aussi appelé culte litúrgique.

Le culte public du sacré Cœur de Jésus ne contient à proprement parler que trois choses : la solennisation d'une fête fixée au vendredi qui suit l'octave du saint Sacrement, la célébration d'une messe spéciale et, pour les clercs tenus au bréviaire, la récitation d'un office propre.

Notre Seigneur, au témoignage de la B. Marguerite-Marie, avait demandé, dans la grande apparition de juin 1675, « que le premier vendredi de l'octave du saint Sacrement soit dédié à une fête particulière pour honorer son Cœur en communiant ce jour-là et en lui faisant réparation d'honneur par une amende honorable. » Satisfaction ne lui fut donnée que quatre-vingt dix ans plus tard, et encore la fête ne fut-elle concédée qu'à certaines églises et à certaines communautés particulières. Elle n'a été étendue à l'Eglise universelle que sous Pie IX; mais aujourd'hui elle est célébrée dans le monde entier. La solennité en est généralement renvoyée au dimanche.

Dès les premières instances en cour de

Rome, on avait sollicité du Saint-Siège, en même temps que l'établissement de la fête, la concession d'une messe et d'un office propres. La Congrégation des Rites, après avoir fait droit à la première partie de la requête, ne tarda pas à publier le texte de la messe et de l'office demandés, qu'elle introduisit au commun du missel et du bréviaire romains. Un peu plus tard, elle approuva une autre messe et un autre office qui ont été, par indult, concédés à un certain nombre de diocèses et de maisons religieuses.

L'Eglise en établissant un culte public du sacré Cœur de Jésus a voulu approuver, encourager et promouvoir une dévotion déjà très répandue. Elle a voulu aussi s'associer, comme corps, aux hommages qui, de toute part, montent vers le trône de Celui qui « nous a aimés jusqu'à se livrer pour nous ». Elle a tenu, en tant que société, à l'honorer, elle aussi, sous le symbole de son cœur de chair, sachant qu'il est particulièrement désireux d'être honoré de la sorte.

PRIÈRE
de la B. Marguerite-Marie

O Cœur très aimable, vous êtes ma force, mon appui, ma récompense, mon salut, mon refuge, mon amour et mon tout! O Cœur de Jésus très saint, Cœur très auguste, le maître de tous les cœurs, je vous aime, je vous adore et je vous loue, je vous remercie et je suis toute à vous. O Cœur d'amour, demeurez avec moi et en moi ; gouvernez-moi, sanctifiez-moi, changez-moi toute en vous. O Cœur très bon, Cœur très sacré dont l'éternelle jouissance sera sans dégoût, mais très réjouissante et la récompense des bienheureux. Ah ! que vous êtes désirable, que vous êtes aimable ! O Cœur divin venez à moi ou tirez-moi à vous. O Cœur très haut, délices de la divinité, je vous salue de l'exil où je suis. Je vous invoque dans ma douleur et je vous appelle pour remède à ma fragilité. Ah ! Cœur très miséricordieux, Cœur pitoyable et très bon de mon père et de mon sauveur, ne refusez pas votre secours à mon indigne cœur. Détruisez en moi le règne du péché et y établissez celui de la vertu, afin que votre image y demeure parfaitement achevée et qu'elle soit, un jour, un ornement de votre palais céleste. Ainsi soit-il.

Pratique

Pour plaire au Sacré-Cœur, nous approcher souvent de la sainte Table et le faire avec toute la foi, toute la ferveur, tout l'amour dont nous sommes capables.

Invocation

Bénis soient à jamais le Cœur très aimant et le nom très doux de Notre-Seigneur Jésus-Christ et de la très glorieuse vierge Marie, sa mère (1).

Benedictum sit Cor amantissimum et dulcissimum nomen Domini nostri Jesu – Christi et gloriosissimæ virginis Mariæ, matris ejus, in æternum et ultra.

(1) Indulgence de 300 jours, une fois par jour. (PIE X, 3 novembre-2 décembre 1905.)

TREIZIÈME JOUR

EFFETS DE LA DÉVOTION AU SACRÉ CŒUR DE JÉSUS

I. La dévotion au sacré Cœur de Jésus produit les plus magnifiques fruits dans les âmes.

II. La négliger est, sinon compromettre irrémédiablement son salut, au moins se priver volontairement d'un moyen puissant de sanctification.

I. — *La dévotion au sacré Cœur de Jésus produit les plus magnifiques fruits dans les âmes.* — A cette dévotion sont attachées des grâces particulières. Elle a une vertu spéciale pour allumer, entretenir et aviver dans les âmes, avec les flammes de l'amour divin, la soif du sacrifice et le zèle de la perfection. Tous ceux qui y ont été fidèles en ont retiré de grands avantages, de telle sorte que, ne la pratiquerait-on pas pour répondre aux désirs ardents de Notre Seigneur, aux instances réitérées de l'Eglise, aux invitations pressantes des saints, on devrait le faire par intérêt, pour s'assurer les inestimables fruits qu'elle est appelée à produire.

La B. Marguerite-Marie écrivait au P. Croiset : « Il (le Sacré-Cœur) promet que tous ceux qui se consacreront et dévoueront à lui pour lui donner ce plaisir de lui rendre et procurer tout l'amour, l'honneur et la gloire qui sera en leur pouvoir, qu'il ne les laissera jamais périr et qu'il leur serait un asile assuré contre toutes les embûches de leurs ennemis, mais surtout à l'heure de la mort, que ce divin Cœur les recevrait amoureusement, mettant leur salut en assurance, prenant soin de les sanctifier et des les faire grands devant son Père éternel. »

Le P. Croiset a dit, de son côté : « La dévotion au sacré Cœur de Jésus est une preuve ou, pour mieux dire, un exercice continuel d'un ardent amour pour Jésus-Christ. Outre qu'elle consiste dans la pratique des plus saints exercices de notre religion, elle a je ne sais quoi de si fort et de si tendre qu'elle obtient tout de Dieu ; et à la vérité, si Jésus-Christ fait de si grandes grâces à ceux qui ont de la dévotion aux instruments de sa passion et à ses plaies, quelles faveurs ne fera-t-il pas à ceux qui ont une tendre dévotion envers son sacré Cœur ?

« Saint Bernard ne parle jamais du sacré Cœur de Jésus que comme du trésor de toutes les grâces et de la source inépuisable de tous les biens. C'est dans cet adorable Cœur, dit le cardinal Pierre Damien, que nous trouvons toutes les armes propres pour notre défense, tous les remèdes propres pour la guérison de nos maux, tous les secours les plus puissants contre les assauts de nos ennemis, toutes les consolations les plus douces pour soulager nos souffrances.

« Non seulement le sacré Cœur de Jésus, dit le dévot Lansperge, est le siège de toutes les vertus, mais il est encore la source des grâces avec lesquelles on acquiert et on conserve ces mêmes vertus. Ayez une dévotion tendre pour cet aimable Cœur tout plein d'amour et de miséricorde, continue-t-il; que ce soit par lui que vous demandiez tout ce que vous voulez obtenir; que ce soit par lui que vous offriez toutes vos actions. Puisez, puisez à discrétion dans ce Cœur sacré toutes les grâces, toutes les vertus dont vous avez besoin. Recourez à lui dans toutes vos nécessités. Soyez fidèle dans les saintes pratiques d'une dévotion si raisonnable et si utile et vous en ressentirez bientôt les effets.

« Nous trouvons encore un exemple illustre de tout ceci dans la vie de sainte Mechtilde. Le Fils de Dieu, s'étant apparu à elle, lui commanda d'aimer ardemment et d'honorer autant qu'il lui serait possible dans le saint Sacrement son sacré Cœur, qu'il lui donna pour gage de son amour et pour être son lieu de refuge pendant la vie et sa consolation à l'heure de la mort. Dès ce temps-là, cette sainte fut pénétrée d'une dévotion extraordinaire envers ce sacré Cœur, et elle en reçut tant de grâces qu'elle avait coutume de dire que s'il fallait écrire toutes les faveurs et tous les biens qu'elle avait reçus par le moyen de cette dévotion, il n'y aurait nul livre, quelque grand qu'il pût être, qui fût capable de les contenir. L'heureuse expérience qu'en ont faite et qu'en font encore, tous les jours, tous ceux qui ont à cœur cette dévotion, confirme assez les sentiments de ces personnes si chéries de Dieu (1). »

Il n'est pas de dévotion, peut-on conclure sans crainte d'être démenti par aucun de ceux qui l'ont pratiquée, qui procure plus de grâces, qui aide plus efficacement à la sanctification, qui transforme plus rapidement une âme, qui produise dans les cœurs des fruits plus abondants de charité, de piété, de générosité, de sacrifice et d'héroïsme.

II. — *Négliger la dévotion au sacré Cœur de Jésus, c'est se priver volontairement d'un moyen puissant de perfection chrétienne*. — Ne pas honorer le sacré Cœur de Jésus — cela résulte rigoureusement de ce qui précède — c'est s'éloigner d'une des sources les plus abondantes de la vie spirituelle et délaisser un des moyens les plus efficaces de progresser dans la charité chrétienne et les vertus surnaturelles qui y puisent leur principe.

Quelques auteurs ont été plus loin et ont cru pouvoir soutenir que la dévotion au sacré Cœur de Jésus est moralement nécessaire pour se sauver et qu'en la négligeant, on s'expose gravement à ne pas arriver au ciel. Ils la considèrent comme un moyen indispensable de sanctification. Il y a là une exagération.

Notre Seigneur, personne ne le conteste, a un droit rigoureux à nos adorations, à notre reconnaissance, à notre confiance et à notre

(1) P. CROISET, *La dévotion au sacré Cœur de Jésus Christ*, 1re partie, ch. IV.

amour. Nous sommes strictement tenus de lui rendre ces divers devoirs. « Il est le seul médiateur proprement dit et nécessaire entre le Père et nous. » « Nous ne pouvons aller au Père que par lui. » « Il est la voie, la vérité et la vie. » « Il a les paroles et la clef de la vie éternelle. » À cette vie qu'il nous a procurée en la payant de son sang nous ne saurions parvenir qu'en passant par lui. Son culte est, par suite, pour tout adulte un des facteurs indispensables de la sanctification et du salut.

Tout cela est vrai, mais il faut se rappeler aussi qu'il y a de multiples façons d'honorer Jésus-Christ et de lui rendre les devoirs qui lui sont dus. L'essentiel est que nous les lui rendions. La manière dont nous le faisons est chose relativement secondaire. Aucun précepte ne nous astreint à l'honorer sous le symbole de son cœur matériel. Cette forme de culte, quelque excellente qu'elle soit en elle-même et quelque désirée qu'elle se trouve par Jésus, n'a donc pas un caractère impératif et obligatoire. On peut se sauver sans la pratiquer, autrement il eût été impossible de faire son salut, pendant les longs siècles chrétiens où on ne la connaissait pas encore.

Il ne faudrait pourtant pas croire qu'on peut la négliger sans inconvénient. On ne la délaisse jamais sans détriment pour son âme. On peut arriver, à la rigueur, au ciel sans elle ; mais on se prive d'un des moyens qui aident à y parvenir le plus sûrement.

PRIÈRE
du bienheureux P. Eudes

O Jésus, roi légitime et souverain de tous les cœurs, soyez le roi de mon cœur, et que je sois tout cœur et tout amour pour vous, comme vous êtes tout cœur et tout amour pour moi. O Cœur admirable, principe de ma vie, que je ne vive qu'en vous, pour vous et que par vous.

O très aimable Cœur, je vous ai coûté votre sang jusqu'à la dernière goutte ; oh ! que mon cœur voudrait aussi verser pour vous la dernière goutte du sien !

O Cœur très bon, vous n'avez jamais vécu sans m'aimer, que mon cœur ne respire aussi que pour vous !

O Jésus, vous êtes venu apporter à la terre la flamme du saint amour, et votre plus grand désir est qu'elle embrase tous les cœurs. Qu'elle pénètre le mien, qu'elle en chasse toute tiédeur et le rende tel que vous le souhaitez. Ainsi soit-il.

Pratique

Aller frapper à la porte du Cœur de Jésus dans les peines, les tentations, les besoins de toute sorte.

Invocation

Très doux Jésus, augmentez en moi la foi, l'espérance et la charité, donnez-moi un cœur contrit et humilié (1).

Dulcissime Jesu, da mihi fidei, spei et caritatis augmentum, cor contritum et humiliatum.

(1) Indulgence de 100 jours, une fois par jour (13 septembre 1893.)

QUATORZIÈME JOUR

ENCOURAGEMENT DIVIN A LA PRATIQUE
DE LA DÉVOTION AU SACRÉ CŒUR DE JÉSUS

I.   Promesses en faveur de ceux qui pratiqueront la dévotion au sacré Cœur de Jésus.

II.   Leur origine.

III. Leur portée.

I. — *Promesses en faveur de ceux qui pratiqueront la dévotion au sacré Cœur de Jésus.* — Dans les livres de piété, on trouve, aujourd'hui, une formule qui est présentée comme un résumé authentique dés promesses faites par Notre Seigneur à la B. Marguerite-Marie, en faveur de ceux qui pratiqueront et propageront la dévotion à son divin Cœur. Cette formule la voici :

1. Je leur donnerai toutes les grâces nécessaires dans leur état.

2. Je mettrai la paix dans leur famille.

3. Je les consolerai dans toutes leurs peines.

4. Je serai leur refuge assuré pendant la vie et surtout à la mort.

5. Je répandrai d'abondantes bénédictions sur leurs entreprises.

6. Les pécheurs trouveront dans mon Cœur la source et l'océan infini de la miséricorde.

7. Les âmes tièdes deviendront ferventes.

8. Les âmes ferventes s'éléveront à une haute perfection.

9. Je bénirai les maisons où l'image de mon sacré Cœur sera exposée et honorée.

10. Je donnerai aux prêtres le talent de toucher les cœurs les plus endurcis.

11. Les personnes qui propageront cette dévotion auront leur nom inscrit dans mon Cœur et il n'en sera jamais effacé.

A ces onze promesses on en a joint, depuis un certain nombre d'années, une douzième que l'on appelle la « grande promesse » et dont il sera parlé demain.

II. — *Origine de ces promesses.* — La formule qui précède n'est pas de la B. Marguerite-Marie. On ne la trouve ni dans le P. Croiset, ni dans le P. de Galliffet, ni dans Mgr Languet, ni dans aucun des auteurs qui ont écrit sur le sacré Cœur de Jésus, avant la fin du xixe siècle. On ignore qui l'a rédigée. On sait seulement qu'elle a été popularisée par un catholique américain qui, en 1882, la fit traduire en plus de deux cents langues et répandre à profusion dans le monde entier. Le fond en est tiré des œuvres de la Bienheureuse.

Absolument persuadée que Notre Seigneur souhaitait ardemment voir la dévotion à son Cœur sacré se répandre, elle était tout aussi profondément convaincue qu'il comblerait de ses bénédictions les plus abondantes ceux qui entreraient dans ses vues et répondraient à ses désirs. Elle aimait à s'étendre sur les avantages de sa chère dévotion et elle promettait des faveurs célestes spéciales aux âmes qui voulaient bien lui prêter leur concours pour la propager. C'était sa manière habituelle de stimuler leur zèle.

Elle écrivait à la Mère de Saumaise : « Je me sens comme toute perdue dans ce divin Cœur... où il me découvre des trésors d'amour et de grâce pour les personnes qui se consacreront et sacrifieront à lui rendre tout l'honneur, l'amour et la gloire qui sera en leur pouvoir, mais ce sont des trésors tels qu'il m'est impossible de m'en exprimer. C'est l'ardent désir qu'il a de répandre abondamment les profusions de son amour par les grâces sanctifiantes et salutaires, qui lui fait désirer d'être connu, aimé et glorifié de ses créatures, dans lesquelles il veut établir son empire, comme la source de tout bien, afin de pourvoir à tous leurs besoins. »

A la date du 24 août 1685, elle écrivait encore à la même correspondante, en parlant d'elle-même à la troisième personne : « Il lui a donc fait connaître derechef le grand plaisir qu'il prend d'être honoré de ses créatures et il lui semble qu'alors il lui promit que tous ceux qui seraient dévoués à ce sacré Cœur ne périraient pas, et que, comme il est la source de toutes les bénédictions, il les répandrait avec abondance dans tous les lieux où serait posée l'image de cet aimable Cœur, pour y être aimé et honoré; et par ce moyen il réunirait les familles divisées; qu'il protégerait celles qui seraient en quelques nécessités;

qu'il répandrait la suave onction de son ardente charité dans les communautés où serait honorée cette divine image; qu'il en détournerait les coups de la juste colère de Dieu, en les remettant en sa grâce, lorsque par le péché elles en seraient déchues; et qu'il donnerait une grâce spéciale de sanctification et de salut à la première personne qui lui ferait ce plaisir de faire faire cette sainte image. »

Dans la lettre célèbre adressée par la Bienheureuse au P. Croiset, le 10 août 1689, nous lisons : « Il promet que tous ceux qui se consacreront et dévoueront à lui pour lui donner ce plaisir que de lui rendre et procurer tout l'amour, l'honneur et la gloire qui sera à leur pouvoir, suivant les moyens qu'il leur en donnera, qu'il ne les laissera jamais périr, et qu'il leur serait un asile assuré contre toutes les embûches de leurs ennemis, mais surtout à l'heure de la mort, que ce divin Cœur les recevrait amoureusement, mettant leur salut en assurance, prenant soin de les sanctifier et de les [faire] grands devant le Père éternel, autant que l'on prendrait de peine d'agrandir le règne de son amour dans les cœurs ; et que, comme il est la source de toutes les bénédictions, il les répandrait abondamment dans tous les lieux où serait honorée l'image de ce sacré Cœur... De plus, qu'il réunirait les familles divisées par ce moyen, et protégerait celles qui seraient en quelque nécessité ; et qu'il répandrait cette suave onction de sa charité dans toutes les communautés religieuses où il serait honoré et lesquelles se mettraient sous sa particulière protection, qu'il en tiendrait tous les cœurs unis pour n'en faire qu'un même avec lui... »

C'est de ces déclarations et d'un certain nombre d'autres, comme elles un peu générales et même vagues, qu'on s'est servi pour composer le texte courant des promesses. Le fond se trouve bien dans les écrits de la Bienheureuse, mais il ne s'y détache pas avec la même netteté et n'y a pas un caractère aussi catégorique. Dans le résumé anonyme, les promesses revêtent une forme absolue, une précision qu'elles n'ont pas, au moins au même degré, sous la plume de la voyante de Paray.

III. — *Valeur et portée de ces promesses.*

— Il n'est pas douteux qu'en honorant son Cœur sacré, on ne fasse un acte très agréable à Notre Seigneur et qu'on n'attire sur soi d'abondantes bénédictions. L'expérience est là, nous l'avons vu, pour montrer que bien peu de dévotions sont aussi salutaires et procurent d'aussi considérables avantages. Ce point ne souffre pas de contestation ; il doit être tenu pour certain.

Mais, des citations qui précèdent faut-il conclure, comme certains auraient tendance à le faire, qu'il existe un engagement formel et nettement déterminé de Notre Seigneur ? Qu'il s'est obligé à accorder à tous ceux qui pratiqueraient la dévotion à son Cœur adorable toutes les faveurs dont il est question dans les promesses qui viennent d'être énumérées ? Que cette dévotion agit dans les âmes comme une sorte de sacrement et pro-

duit infailliblement, automatiquement, *ex
opere operato* en quelque sorte, les divers
effets sus-mentionnés? Que la Bienheureuse
a vraiment reçu ces promesses par révélation
divine et que, en les formulant, elle n'a été
que le porte-parole de Jésus, que l'exécutrice
d'un mandat reçu de lui?

On n'est pas tenu d'aller jusque-là et de
prêter aux déclarations de Marguerite-Marie,
en leur donnant une interprétation rigoureuse
et même un peu pharisaïque, une portée
qu'elle-même ne leur a jamais attribuée.

Elle avait goûté la douceur et apprécié les
avantages de la dévotion dont elle se faisait
l'ardente apôtre; elle savait que cette dévotion
produirait dans les autres une partie des
admirables effets qu'elle avait produits en
elle; elle entendait au fond de son âme une
voix lui en donner l'assurance, et de cette
voix intérieure, afin d'attirer au Sacré-Cœur
un plus grand nombre d'adorateurs, elle
aimait à se faire l'écho: écho presque timide,
au début; mais plus assuré, plus précis, plus
catégorique, à mesure que les années s'écou-
lèrent.

La voix entendue par la sainte voyante
venait incontestablement du ciel, mais était-
ce la voix de Jésus-Christ, ou bien était-ce la
voix de sa foi, de son amour, de son zèle, à
elle? Y avait-il révélation proprement dite ou
simplement une de ces inspirations intérieures, une de ces pensées dans lesquelles
il est difficile de déterminer exactement la
part qui revient à Dieu et celle qui revient à
l'homme?

6.

On aurait tort de toujours prendre dans un sens absolu toutes les affirmations de la B. Marguerite-Marie et de voir dans ses moindres déclarations l'expression rigoureuse d'une révélation formelle reçue de Notre Seigneur. Agir de la sorte serait ne pas suffisamment tenir compte de ce qui se produit dans les états mystiques et de l'habituelle manière de parler des âmes qui y sont élevées.

C'est une tendance trop générale, parmi ceux surtout qui n'ont que des notions très vagues sur ce qui se passe communément dans les états extraordinaires, de vouloir tout prendre à la lettre et de ne pas ramener à leur vraie valeur des propositions dont les auteurs seraient souvent les premiers étonnés s'ils leur voyaient donner une importance qu'ils n'eurent jamais l'intention d'y attacher.

Il faut reconnaître pourtant que la Bienheureuse semble bien convaincue que les assurances qu'elle donne ne viennent pas d'elle-même, mais qu'elles viennent de Notre Seigneur, cela ressort de certaines de ses expressions. Il est vrai qu'ailleurs elle emploie d'autres termes qui sont de nature à affaiblir la portée de ceux-là.

L'Eglise ne s'est pas prononcée sur la réalité et sur la valeur des promesses dont nous nous occupons. Elle nous laisse libres de les considérer comme tombées des lèvres du Sauveur ou comme jaillies du cœur particulièrement éclairé de celle qu'elle se dispose à placer sur les autels. Seul Léon XIII a touché à la question et encore ne l'a-t-il fait que d'une manière extrêmement réservée. Il dit dans son encyclique du 28 juin 1889 : « Afin que les hommes répondent avec plus d'empressement au désir d'être aimé qui brûle le divin Sauveur, il a daigné mêler à ses invitations la promesse d'admirables récompenses. »

En pratiquant la dévotion au sacré Cœur de Jésus, nous sommes certains de nous assurer de nombreuses et inestimables faveurs. C'est plus qu'il n'en faut pour nous déterminer à lui donner une large place dans notre piété. La confiance que nous mettrons en elle ne sera pas déçue, alors même que cette confiance ne reposerait pas sur des promesses positives et d'origine incontestablement divine.

PRIÈRE
de saint Alphonse de Liguori

Cœur de Jésus, je crois et je sais que, sans souffrir, et sans souffrir avec patience, je ne puis obtenir la couronne céleste. Mais, Seigneur, cette patience, n'est-ce pas de vous seul que je dois l'attendre ? *Ab ipso patientia mea.* J'ai beau prendre la résolution de ne pas me troubler dans les épreuves ; dès qu'elles arrivent, je m'attriste et me décourage ; et si je les supporte, c'est sans aucun mérite, parce que je ne les supporte pas pour vous plaire. O Cœur adorable, par les mérites de votre patience, accordez-moi la grâce de supporter toutes les croix pour votre amour. Je vous aime de tout mon cœur, ô bien-aimé Rédempteur ! Je vous aime, mon souverain Bien ! Je vous aime, ô mon Amour, ô vous qui êtes digne d'un amour infini ! J'ai un souverain regret de vous avoir déplu. Je vous promets de

recevoir avec patience toutes les peines que vous
m'enverrez, et j'espère obtenir de vous le secours
nécessaire pour remplir ma promesse, pour endurer
surtout avec calme et résignation les douleurs de
mon agonie et de ma mort. Ainsi soit-il.

Pratique

Faire de notre vie une perpétuelle amende honorable au Sacré-Cœur; tout accepter et tout supporter en esprit d'expiation pour nos péchés et les
péchés des autres.

Invocation

*Cœur de Jésus, four-
naise ardente de charité,
ayez pitié de nous.*

Cor Jesu, fornax ardens
caritatis, miserere nobis.

LA « GRANDE PROMESSE » DU SACRE-CŒUR

I. Nature et authenticité.

II. Valeur.

I. — *Nature et authenticité de la « grande promesse » du Sacré-Cœur.* — Dans une lettre adressée par la B. Marguerite-Marie, en mai 1688, à la Mère de Soumaise, nous lisons : « Un jour de vendredi, pendant la sainte communion, il (Jésus) dit ces paroles à son indigne esclave, si elle ne se trompe : Je te promets dans l'excessive miséricorde de mon Cœur, que son amour tout puissant accordera à tous ceux qui communieront neuf premiers vendredis du mois tous de suite, la grâce finale de la pénitence; ils ne mourront point en sa disgrâce, ni sans recevoir leurs sacrements, mon divin Cœur se rendant leur asile assuré en ce dernier moment. » Voilà, en quoi consiste « la grande promesse ».

De cette grande promesse, ce n'est que vers 1870 qu'on a commencé à vraiment s'occuper. La lettre à la Mère de Soumaise, qui la renferme, fut publiée pour la première, fois en 1867, avec le livre devenu célèbre de *Vie et Œuvres*, écrit par les *Contemporaines*. L'original de la lettre n'existait plus, il était perdu, il avait disparu à la Révolution probablement ; mais il en restait plusieurs copies absolument concordantes pour le fond. On était donc sûr d'avoir la pensée de la Bienheureuse.

A la suite de cette publication, les fidèles apprirent par des feuilles volantes, par des tracts, et ensuite par les revues et par les livres de dévotion la **pratique des neuf** premiers vendredis du mois et les faveurs spirituelles qui y seraient attachées.

Le P. Croiset et le P. de Galliffet, qui ont longuement parlé de la sanctification du premier vendredi du mois en l'honneur du sacré Cœur de Jésus et insisté pour qu'on se confesse et communie à cette occasion, n'ont pas dit un seul mot de la neuvaine de communions ni de la promesse d'une grâce spéciale que Notre Seigneur y aurait attachée.

Les *Contemporaines* ne gardent pas le même silence ; elles disent sous forme de citation : « Une autre fois, continue cette chère Sœur, il me semble qu'il me fut dit, après la sainte communion, je te promets, dans l'excès de miséricorde de mon Cœur, que son amour tout puissant accordera à tous ceux qui communieront les premiers vendredis, neuf mois de suite, la grâce de la pénitence finale, qu'ils ne mourront pas dans ma disgrâce, ni sans recevoir leurs derniers sacrements et qu'il se rendra leur asile assuré à cette heure dernière. »

Mgr Languet fait, lui aussi, mention de la neuvaine de communions et de la promesse qui y est attachée. On lit dans sa *Vie de la vénérable Mère Marguerite-Marie Alacoque* : « Elle (la Bienheureuse) prescrit une pratique pour honorer le Cœur de Jésus-Christ, pratique qui lui était familière et que Notre Seigneur lui avait suggérée, en lui faisant espérer la grâce de la pénitence finale et celle de recevoir les sacrements de l'Eglise avant que de mourir pour ceux qui l'observeraient. C'était de faire une neuvaine de communions à cette intention et pour honorer le Cœur de Jésus-Christ, en plaçant chacune de ces communions à chaque premier vendredi du mois, pendant neuf mois de suite. »

L'authenticité du texte de la « grande promesse » ne saurait être mise sérieusement en doute. Si on n'en possède pas l'original, on en possède des copies offrant toutes les garanties désirables de fidélité et reflétant exactement la pensée de Marguerite-Marie.

II. — *Portée de la grande promesse*. — Sur cette question il y a trois opinions bien tranchées.

D'après la première, les neuf communions régulièrement faites produisent infailliblement les effets mentionnés dans la lettre à la Mère de Saumaise et interprétés dans le sens naturel du texte : « la promesse veut dire cela ou elle ne veut rien dire du tout. »

D'après la seconde, les neuf communions dont il est parlé ont bien une efficacité particulière, efficacité ajoutée par Notre Seigneur à celle qu'elles auraient si elles étaient faites dans les conditions ordinaires; mais cette efficacité ne va pas jusqu'à garantir au communiant la réalisation infaillible de la promesse. Cette promesse est subordonnée à l'accomplissement des œuvres requises pour le salut. Les neuf communions aident puissamment à l'accomplissement de ces œuvres par les grâces dont elles sont le principe.

D'après la troisième opinion, les neuf communions, sans avoir une efficacité spéciale, une efficacité plus grande et d'une autre espèce que celle qu'auraient neuf communions faites un autre jour du mois, sont un moyen puissant par elles-mêmes de sanctification et un gage de persévérance. La conséquence naturelle de neuf bonnes confessions et de neuf bonnes communions, faites à un mois d'intervalle, est d'inspirer à toute âme l'amour de Dieu, la fuite du péché, l'attrait de la vertu et de lui donner l'habitude d'une vie vraiment chrétienne.

La B. Marguerite-Marie ne semble pas avoir attaché une importance exceptionnelle à la pratique de la communion des neuf premiers vendredis du mois consécutifs. Elle en parle à la Mère de Saumaise, avec laquelle elle est accoutumée à penser haut; mais on ne voit pas qu'elle ait jamais pressé personne de l'adopter, ce qu'elle aurait certainement fait si cette pratique avait eu à ses yeux la valeur incomparable qu'on lui a attribuée depuis. Elle en parle sans insister, en passant, exactement comme elle parle d'autres pratiques et d'autres promesses dont, jusqu'à présent,

quoiqu'elles soient bien connues, la piété
catholique n'a pas cru devoir faire état.

« Un jour de l'Annonciation, dit-elle en
effet ailleurs, Notre Seigneur me fit connaître
que je devais honorer ses abaissements par
vingt-quatre *Verbum caro*, pour honorer les
heures qu'il a demeuré dans le flanc virginal
de sa sainte Mère, me promettant que ceux
qui s'y rendraient fidèles ne mourraient point
sans recevoir le fruit de son incarnation par
les saints sacrements. »

« Il me dit amoureusement, écrit-elle en un
autre endroit, qu'il désirait que, tous les vendredis, je le vinsse adorer trente-trois fois
sur l'arbre de la croix, me prosternant hum
blement à ses pieds et tâchant de me tenir en
la disposition où était la sainte Vierge, au
temps de la Passion. Pour ceux qui se rendront fidèles à cette pratique, il leur sera
favorable à l'heure de la mort. »

A ceux « qui se rendront fidèles à ces deux
pratiques », elle promet de la part de Notre
Seigneur la même faveur qu'à ceux qui communieront les neuf premiers vendredis du
mois. Des deux côtés, il y a sinon identité
dans les termes, au moins identité dans la
pensée et dans le fond. Il serait difficile d'établir que, dans son esprit, elle fît une différence sensible entre ces trois manières d'honorer Notre Seigneur. Elle affirme que toutes
trois lui ont été révélées et recommandées
par son divin Maître et qu'à toutes trois il a
attaché la même grâce de salut.

Il serait plus difficile encore d'expliquer
que, si la grande promesse a bien l'extraordi-

naire importance que certains lui attribuent aujourd'hui, ni le P. Croiset, ni le P. de Gal-liffet, ni les auteurs qui les ont suivis et qui l'ont connue, puisque les *Contemporaines* l'ont introduite dans leur manuscrit et qu'il circulait plusieurs copies de la lettre à la Mère de Saumaise, n'aient pas jugé à propos d'y faire même une simple allusion. Il serait vraiment incompréhensible que cette faveur unique — car il n'y en a pas de comparable, étant données les justes réserves qui s'imposent par rapport à l'authenticité des promesses concernant le scapulaire du Mont-Carmel et le rosaire, — soit restée près de deux siècles dans l'oubli et qu'on ait universellement négligé une pratique qui devait assurer aux âmes des avantages si précieux.

Si on voulait prendre les paroles de la Bienheureuse dans leur sens rigoureux, on se heurterait à des difficultés nombreuses et graves. Il n'est guère admissible, en effet, que, par le seul fait d'avoir communié, et même communié dans d'excellentes dispositions pendant neuf premiers vendredis du mois consécutifs en l'honneur du Sacré-Cœur, on soit garanti contre l'impénitence finale et qu'on ait la certitude de pouvoir, avant de mourir, recevoir les derniers sacrements. Depuis que la neuvaine est en honneur, il y a certainement des chrétiens qui l'ont faite dans les conditions requises et qui, surpris par la mort, ont paru devant le Souverain Juge sans avoir reçu les suprêmes consolations de la religion.

La faveur dont nous nous occupons ne dépasse pas, il est bien vrai, les limites de la puissance de Dieu, mais se concilie-t-elle absolument avec sa sagesse et l'habituelle économie de sa providence? Il semble qu'on agira prudemment en se souvenant de la remarque de Bellarmin : « Souvent la sainte Écriture, dit-il, attribue à différents moyens la vertu de justifier une âme ou même de lui assurer le salut. Cela ne veut pas dire que ces moyens puissent à eux seuls justifier et sauver quelqu'un; mais seulement qu'ils ont la vertu de contribuer à la justification et à la vie éternelle, pourvu qu'ils soient accompagnés des autres moyens de salut, comme sont la foi, l'état de grâce, l'observation des commandements... »

Ce qui est vrai d'une parole de la sainte Écriture est autrement vrai d'un texte de révélation privée dont l'Eglise, même en l'approuvant, n'entend pas garantir l'authenticité. Les déclarations de la pieuse voyante n'ont pas plus ici qu'ailleurs de valeur absolue, pourtant son affirmation garantit, jusqu'à un certain point, vu la sincérité du témoin, l'expérience théologique d'une sainte âme; et, comme nous avons des raisons solides de croire à sa mission surnaturelle, son témoignage est bien capable d'impressionner.

On s'explique donc que la pratique de la neuvaine des communions mensuelles soit devenue vite très populaire. Elle a donné d'excellents résultats tant au point de vue de la sanctification des âmes qu'au point de vue de la diffusion de la dévotion au Sacré-Cœur.

PRIÈRE
de saint Alphonse de Liguori

Souffrez que je vous parle, ô Cœur très aimant de mon Jésus, Cœur adorable d'où sont sortis tous les sacrements et principalement le sacrement d'amour qu'est la sainte Eucharistie. Je voudrais vous honorer et glorifier, autant que vous-même, dans les saints tabernacles, glorifiez votre Père céleste. Je sais que, sur cet autel, vous brûlez encore pour moi de ce divin amour qui vous porta à faire, pour mon salut, le sacrifice de votre vie au milieu d'immenses douleurs. Éclairez, ô Cœur divin, éclairez ceux qui vous ignorent, afin qu'ils vous connaissent. Délivrez du purgatoire, par vos mérites, ou du moins soulagez ces âmes affligées, qui sont déjà vos épouses éternelles. Je vous adore, je vous remercie, et je vous chéris avec toutes les âmes qui, en ce moment, vous aiment sur la terre et dans le ciel. O Cœur très pur, purifiez mon cœur de toute attache aux créatures et remplissez-le de votre saint amour. O Cœur très doux, possédez tout mon cœur, de telle sorte que désormais il soit tout à vous et puisse toujours dire : *Qui me séparera de l'amour de Dieu, qui est en Jésus-Christ ?* Gravez dans mon cœur, ô Cœur infiniment saint, le souvenir des peines amères que, pendant tant d'années et avec tant d'amour, vous avez endurées ici-bas ; et que ce souvenir me fasse désirer ou du moins supporter avec patience, pour l'amour de vous, toutes les peines de cette vie. Cœur très humble de Jésus, donnez à mon cœur un peu de votre humilité. Cœur plein de mansuétude, communiquez-moi votre douceur. Enlevez de mon cœur tout ce qui vous déplaît ; convertissez-le tout entier à vous, afin que désormais je ne veuille ni ne désire que ce que vous voulez vous-même. Faites, en un mot, que je ne vive que pour vous obéir, pour vous aimer et pour vous plaire. Je reconnais, ô mon Dieu, qu'elles sont immenses les obligations que j'ai contractées envers votre amour. Puissé-je au moins, par recon-

naissance, me consumer et me sacrifier tout entier
pour votre gloire. Accordez-moi cette grâce, ô mon
divin Jésus; demandez-la pour moi, ô Marie, ma
très sainte mère. Ainsi soit-il.

Pratique

Offrir au Sacré-Cœur nos peines, notre travail,
nos souffrances en expiation des fautes et des ingratitudes dont nous nous sommes rendus coupables
à son égard.

Invocation

Cœur de Jésus, sanc-
tuaire de la justice et de
l'amour, ayez pitié de
nous.

Cor Jesu, justitiæ et
amoris receptaculum,
miserere nobis.

SEIZIÈME JOUR

PRATIQUES DE PIÉTÉ EN L'HONNEUR
DU SACRÉ CŒUR DE JÉSUS

I.   Origine et nature de ces pratiques.

II.   Communion du premier vendredi du mois et communion fréquente.

I. — ***Origine et nature des pratiques de piété en l'honneur du sacré Cœur de Jésus.*** — L'acte essentiel de la dévotion au sacré Cœur de Jésus étant l'amour de réciprocité et de réparation à l'égard de Notre Seigneur infiniment aimant et beaucoup trop peu aimé, les diverses pratiques de cette dévotion devront être, avant tout, des manifestations de notre amour, des moyens particulièrement propres à le témoigner.

L'Eglise en a fixé elle-même quelques-unes; elle en a approuvé d'autres; il y en a qu'elle a encouragées directement en y attachant des indulgences; il y en a qu'elle se contente de tolérer, elle garde le silence à leur égard, elle agit comme si elle les ignorait, elle ne sortira de la réserve qu'elle observe que si elle estime que le bien des âmes et la sainteté du culte le demandent.

Les pratiques de dévotion en l'honneur du sacré Cœur de Jésus ne se comptent plus depuis longtemps. Nombreux sont ceux qui usent largement, parfois même indiscrètement, de la liberté que laisse l'autorité ecclésiastique.

Parmi les pratiques qui sont passées dans le domaine de la piété et qui sont universellement admises, la plupart sont d'origine parodienne ; elles nous viennent ou immédiatement ou médiatement de la B. Marguerite-Marie.

Plusieurs se rattachent aux communications divines qu'elle a reçues. Elle a raconté dans ses lettres ou dans son autobiographie comment elles lui ont été inspirées ou même demandées par Jésus-Christ.

Il en est d'autres qui sont sorties de son propre cœur ; elles sont comme le rayonnement de son amour. Elle s'en est servie avec consolation et fruit. Elle les conseille parce qu'elle a la conviction intime qu'elles sont très agréables à son divin maître.

Il en est quelques-unes dont elle n'a pas eu l'initiative. Elle les a trouvées proposées dans les livres et opuscules de ses collaborateurs de la première heure : la Sœur Joly, la Mère de Soudeilles, le P. Croiset. Elles les a adoptées et propagées.

Il en est, enfin, qui se trouvaient en germe dans ses écrits, qui respirent son esprit, mais qui ne se sont développées que plus tard, lorsque déjà elle avait quitté ce monde.

L'origine de ces pratiques doit, indépendamment de leur excellence intrinsèque, nous les rendre respectables et chères. Il est à noter, toutefois, que quelques pratiques recommandées par la Bienheureuse ont été abandonnées ou plutôt n'ont jamais été adoptées. On a pensé qu'elles pouvaient prêter à des critiques et à des interprétations qu'il était préférable d'éviter.

II. — *Communion du premier vendredi du mois et communion fréquente*. — La B. Marguerite-Marie nous raconte que, dans l'apparition de 1674, Notre Seigneur, après lui avoir dit : « Toi, du moins, donne-moi ce plaisir de suppléer à leur ingratitude, autant que tu pourras en être capable », lui indiqua d'une manière précise les actes qu'elle devait faire pour lui procurer la satisfaction qu'il attendait d'elle : « Premièrement, ajouta-t-il, tu me recevras dans le saint Sacrement autant que l'obéissance te le voudra permettre,... tu communieras, de plus, tous les premiers vendredis de chaque mois. »

Un peu plus tard, elle écrivait à son directeur, le P. Rolin : « Mon divin Sauveur me commande de communier tous les premiers vendredis de chaque mois, afin de réparer, autant qu'il m'est possible, les outrages qu'il a reçus, pendant le mois précédent, dans le saint Sacrement. »

La dévotion à l'Eucharistie avait toujours été la grande dévotion de Marguerite-Marie qui faisait de la sainte communion les délices de sa vie. Pour elle, avide de toutes les souffrances, il y en eut toujours une à laquelle

elle ne put s'habituer : celle d'être privée de recevoir sacramentellement en son cœur son Jésus bien-aimé. Aussi ce fut avec un joyeux bonheur qu'elle reçut l'ordre divin.

Elle eût vivement désiré s'y conformer sans aucun retard. Elle demanda à sa supérieure, la Mère de Saumaise, la permission dont elle avait besoin pour communier en dehors des jours de règle. La permission lui fut longtemps refusée, la prudence exigeant, dans une communauté, qu'on se tienne dans une grande défiance à l'égard des innovations et des singularités en matière de dévotion.

Ce ne fut qu'après le passage à Paray du P. de la Colombière que l'autorisation fut enfin donnée. La Bienheureuse n'en jouit pas longtemps. Elle lui fut retirée par la Mère Greyfié, qui venait de succéder à la Mère de Saumaise. La nouvelle supérieure, cependant, ayant soumis à un sévère examen les voies extraordinaires de la servante de Dieu et étant arrivée à la conviction qu'elles avaient un incontestable caractère surnaturel, envoya à Sœur Marguerite-Marie le billet suivant : « Pour tout le temps que je resterai en charge, je vous permets de faire la sainte communion tous les premiers vendredis du mois. »

Ce fut une grande allégresse pour la pieuse amante du Sacré-Cœur; mais le départ de la Mère Greyfié fut pour elle l'occasion d'une nouvelle épreuve. A la suite d'incidents qui se produisirent dans l'intérieur du monastère, la nouvelle supérieure, la bonne Mère Melin, pour apaiser les murmures des anciennes et rétablir la paix, crut prudent d'interdire à la Sœur Marguerite-Marie tous ses exercices extérieurs de dévotion au Sacré-Cœur, et en particulier la communion du premier vendredi du mois.

A la suite de ce retrait de permission, il se passa, au sein de la communauté, un fait qu'unanimement on considéra comme extraordinaire. Une jeune religieuse, la Sœur Françoise-Rosalie Verchère, tomba gravement malade et en peu de jours fut aux portes de la mort. Comme la B. Marguerite-Marie demandait son rétablissement à Notre Seigneur, il lui sembla entendre distinctement ces paroles : « Dis à ta supérieure qu'elle m'a fait un grand déplaisir de ce que, pour plaire à la créature, elle n'a pas craint de me mécontenter en te retranchant la communion que je t'avais ordonné de faire, tous les premiers vendredis de chaque mois, pour les fautes qui se commettent. En même temps qu'elle t'a défendu d'accomplir ma volonté en cela, je me suis résolu de me sacrifier cette victime qui souffre maintenant. »

Malgré ses hésitations et ses répugnances, l'humble religieuse communiqua à sa supérieure « ce que Notre Seigneur lui avait fait connaître au sujet de la malade ». La Mère Melin lui rendit l'autorisation supprimée, à la condition qu'elle demanderait la guérison de la Sœur Verchère. Elle le fit, « et l'on vit effectivement que, tout d'un coup, la malade parut hors du danger dont elle était menacée, dans un temps où, selon les apparences, il n'y avait pas beaucoup à espérer, souffrant de grandes douleurs à quoi les médecins ne connaissaient rien ».

Devant ce fait qui fut considéré comme une manifestation de la volonté divine, toutes les hésitations de la supérieure tombèrent et Marguerite-Marie put continuer, jusqu'à sa mort, cette communion du premier vendredi, qui lui était si chère et qu'elle ne cessa plus de recommander.

C'est au milieu de ces difficultés et de ces contradictions que commença la pieuse habitude de communier le premier vendredi du mois, en l'honneur du sacré Cœur de Jésus et pour lui faire amende honorable. Elle s'établit d'abord au monastère de Paray. De Paray, sous l'action de la Bienheureuse, elle passa à ceux de Moulins, de Semur-en-Auxois, de Dijon et dans d'autres maisons de la Visitation.

Elle fut très recommandée par les PP. de la Colombière, Croiset et de Galliffet. Elle a reçu de l'autorité ecclésiastique les encouragements les plus précieux. Elle est aujourd'hui répandue dans le monde entier. Dans l'univers catholique, chaque premier vendredi du mois, tout ce qu'il y a de plus fervent parmi les fidèles s'approche de la sainte Table, afin de répondre aux désirs de Jésus.

Pour répondre encore à ses désirs, ces mêmes fidèles multiplient leurs communions ordinaires. Ils savent que, s'il a institué l'Eucharistie, c'est pour nous permettre de le recevoir souvent. Il souhaite ardemment se donner à nous, venir en nous. Le dédain qu'en s'abstenant, on montre pour la divine nourriture que son infinie charité nous a préparée, constitue une offense à laquelle il est particulièrement sensible. En nous approchant de la sainte Table toutes les fois que nous en avons la possibilité, nous lui procurons une joie qu'il récompense par d'abondantes bénédictions.

Plus peut-être que tout le reste, la dévotion au sacré Cœur de Jésus a contribué à remettre en honneur la communion fréquente, trop abandonnée sous l'influence des froides et désolantes doctrines jansénistes. Ce n'est pas là le moindre service qu'elle a rendu aux âmes. Par ce moyen, elle a ravivé en elles les flammes d'un amour qui avait tendance à se refroidir.

PRIÈRE
de Madame Elisabeth

Cœur adorable de Jésus, sanctuaire de cet amour qui a porté un Dieu à se faire homme, à sacrifier sa vie pour notre salut et à faire de son corps la nourriture de nos âmes ; en reconnaissance de cette charité infinie, je vous donne mon cœur et avec lui tout ce que je possède au monde, tout ce que je suis, tout ce que je ferai, tout ce que je souffrirai. Mais, mon Dieu, je vous en supplie, que ce cœur ne soit plus indigne du vôtre, rendez-le semblable à vous-même, entourez-le de vos épines pour en fermer l'entrée à toutes les affections déréglées, établissez-y votre croix, qu'il en sente le prix, qu'il en prenne le goût. Embrasez-le de vos divines flammes, qu'il se consume pour votre gloire, qu'il soit à vous, après que vous avez bien voulu être tout à lui. Vous êtes sa consolation dans ses peines,

le remède à ses maux, sa force et son refuge dans
les tentations, son espérance pendant la vie, son
asile à la mort. Je vous demande, ô Cœur tout
aimable, cette grâce pour moi et pour tous ceux
qui me sont chers. Ainsi soit-il.

Pratique

Considérer comme nous étant adressées à nous-
mêmes les paroles de Notre Seigneur à la B. Marguerite-Marie : « Toi du moins donne-moi ce plaisir
de suppléer à leur ingratitude autant que tu pourras en être capable... Je viens dans ton cœur afin
que par ton ardeur tu répares les injures que j'ai
reçues de cœurs tièdes et lâches qui me déshonorent dans le saint Sacrement. »

Invocation

Cœur de Jésus, plein d'amour et de bonté, ayez pitié de nous.

Cor Jesu, bonitate et amore plenum, miserere nobis.

DIX-SEPTIÈME JOUR

PRATIQUES DE PIÉTÉ EN L'HONNEUR
DU SACRÉ CŒUR DE JÉSUS (suite)

I.   Sanctification du premier vendredi du mois.

II.   Neuvaine de communions faites le premier vendredi de neuf mois consécutifs.

III.   Heure sainte.

I. — *Sanctification du premier vendredi du mois*. — Pour la B. Marguerite-Marie, le premier vendredi du mois était un jour qui devait être spécialement consacré à honorer le sacré Cœur de Jésus. Elle ne recommandait pas seulement de communier, elle engageait à multiplier, ce jour-là, les hommages, les prières et les réparations. Elle pressa très instamment le P. Croiset de composer, pour les premiers vendredis, des méditations sur le Sacré-Cœur et de les insérer dans le livre qu'il préparait. C'est, sans doute, d'après ses conseils que son frère fit une fondation annuelle de messes qui devaient être célébrées dans l'église du Bois–Sainte-Marie, le premier vendredi de chaque mois.

Deux ans avant de mourir, elle eut la consolation de voir, chaque premier vendredi du mois, les religieuses de sa communauté faire une procession en chantant les litanies du Sacré-Cœur et se rendre au petit oratoire élevé en son honneur dans l'enclos du monastère.

La Visitation de Moulins suivit encore cet exemple. Tous les premiers vendredis du mois, la supérieure, suivie des religieuses de la maison, se rendait à une petite chapelle, dédiée au sacré Cœur de Jésus, pour y faire une consécration accompagnée d'une amende honorable.

Plusieurs autres maisons de l'Ordre adoptèrent ces pratiques qui, grâce au zèle surtout des Pères de la Compagnie de Jésus, se répandirent dans quelques communautés religieuses d'abord, ensuite dans un certain nombre de paroisses privilégiées.

Avec le temps, on a, après autorisation des Ordinaires, ajouté à ces pratiques divers autres exercices, comme le salut du saint Sacrement, une lecture de piété, le chant des litanies du Sacré-Cœur, la récitation d'un acte de consécration.

La dévotion du premier vendredi du mois s'est encore sensiblement développée, depuis que le pape Léon XIII a ordonné la consécration de tout le genre humain au sacré Cœur de Jésus et qu'il a présenté celui-ci comme un nouveau *Labarum*. Quelques jours après cet acte solennel, le Saint-Père faisait écrire par le cardinal Mazella, préfet de la Congrégation des Rites, une lettre à tout l'épiscopat catholique, où il disait : « Sa Sainteté, usant de mon intermédiaire pour faire connaître sa volonté, exhorte vivement tous les évêques du monde à employer tous les moyens qui, selon la diversité des temps et des lieux, paraissent les plus propres à étendre partout le culte du Sacré-Cœur. Le Saint-Père a surtout un vif désir de voir se propager au loin la pratique, hautement recommandée et déjà en usage en plusieurs endroits, de faire, le premier vendredi de chaque mois, quelques exercices en l'honneur du Sacré-Cœur; si cette pratique gagne dans le peuple chrétien et y passe pour ainsi dire en coutume, elle sera comme une perpétuelle affirmation du droit royal et divin que le Christ a reçu de son Père sur tout le genre humain et qu'il s'est acquis par l'effusion de son sang... Le Saint-Père recommande de réciter, chaque premier vendredi, les litanies du Sacré-Cœur approuvées par lui, et qu'on y répète la formule de consécration du genre humain au Cœur de Jésus. »

II. — *Neuvaine de communions faites le premier vendredi de neuf mois consécutifs*. — Nous avons vu dans une lecture précédente qu'elle a été l'origine de cette pratique. Elle a son point de départ dans le passage cité plus haut d'une lettre de la B. Marguerite-Marie à la Mère de Saumaise. Dans cette lettre elle raconte que Notre Seigneur lui dit, un jour : « Je te promets dans l'excessive miséricorde de mon Cœur que son amour tout-puissant accordera à tous ceux qui communieront neuf premiers vendredis du mois tous de suite, la grâce finale de la pénitence; ils ne mourront pas en sa disgrâce, ni sans recevoir leurs sacrements, mon divin Cœur se rendant leur asile assuré, en ce dernier moment. »

De ce texte, il résulte, que neuf communions doivent être faites, qu'elles doivent être faites le premier vendredi du mois et non un autre jour, et le premier vendredi de neuf mois consécutifs. Pourtant, si l'on interrompait la neuvaine à cause d'une nécessité : parce qu'on est malade, par exemple, ou parce qu'on se trouve dans quelqu'autre impossibilité de s'approcher de la sainte Table, on ne serait pas tenu de recommencer la série de communions, on n'aurait qu'à parachever la neuvaine. Il en serait de même si le premier vendredi d'avril était le Vendredi-Saint. Il faut, mais il suffit, qu'il n'y ait pas d'interruption volontaire.

Il est évident qu'il est requis que ces neuf communions soient faites avec des dispositions suffisantes et avec une intention droite, si l'on veut qu'elles produisent dans l'âme les effets de sanctification qu'elles sont susceptibles d'opérer.

Malgré les exceptionnelles faveurs qui, au témoignage de la B. Marguerite-Marie, sont promises à ceux qui feront la neuvaine de communions, cette forme de dévotion n'est en honneur que depuis une cinquantaine d'années. La sainte visitandine ne semble pas avoir eu la préoccupation d'en répandre la pratique. On ne voit pas qu'elle l'ait recommandée à personne. Elle n'en parle qu'une fois dans ses écrits. On dirait qu'après sa communication à la Mère de Saumaise, elle n'y pense plus. C'est vers 1870 seulement que cette forme de dévotion s'est popularisée; elle s'est développée en France principalement.

Beaucoup de fidèles ont en elle une grande confiance et tiennent à s'assurer les avantages qu'ils en attendent. Quelle que soit l'opinion que l'on adopte sur la portée de « la grande promesse », on doit admettre qu'en faisant la neuvaine de communions des premiers vendredis du mois, les chrétiens accomplissent une œuvre pieuse, très agréable au Cœur de Jésus, permise par l'Eglise, encouragée par les plus prudents directeurs, particulièrement avantageuse pour ceux qui la pratiquent, féconde en fruits de sanctifications et de salut.

III. — *Heure sainte*. — L'heure sainte est un exercice devenu très cher à la piété de tous les fervents de la dévotion au sacré Cœur de Jésus. Il consiste à passer, dans la nuit du jeudi au vendredi, une heure uni à Notre Seigneur triste jusqu'à la mort, dans son agonie douloureuse du Jardin des Oliviers. On peut faire « l'heure sainte » chez soi ou à l'église devant le saint Sacrement, en particulier ou en commun. Le temps doit être employé à se pénétrer des souffrances du divin Maître, à y compatir et à les honorer.

Cette pratique est comme les précédentes

d'origine parodienne. Marguerite-Marie raconte qu'après lui avoir demandé de le recevoir « dans le sacrement de son amour autant que l'obéissance le lui voudrait permettre » et de communier, « de plus, tous les premiers vendredis de chaque mois », Notre Seigneur lui dit : « Toutes les nuits du jeudi au vendredi, je te ferai participer à cette tristesse mortelle que j'ai bien voulu souffrir au Jardin des Oliviers, laquelle tristesse te réduira, sans que tu la puisses comprendre, à une espèce d'agonie plus rude à supporter que la mort. Pour m'accompagner dans cette humble prière, que je présentai alors à mon Père parmi toutes mes angoisses, tu te lèveras entre onze heures et minuit pour te prosterner pendant une heure avec moi, la face contre terre, tant pour apaiser la divine colère, en demandant miséricorde pour les pécheurs, que pour adoucir en quelque façon l'amertume que je sentais de l'abandon de mes apôtres, qui m'obligea à leur reprocher qu'ils n'avaient pu veiller une heure avec moi, et pendant cette heure tu feras ce que je t'enseignerai. »

Marguerite-Marie fut toujours fidèle à accorder à Jésus, dans toute la mesure où l'obéissance le lui permettait, l'heure d'union qu'il lui avait demandée. Elle la passait dans l'amoureuse contemplation des souffrances de son Sauveur qui, plus d'une fois, lui accorda la grâce insigne de lui faire éprouver, en son corps et en son cœur, une partie des douleurs qu'il avait éprouvées lui-même.

Elle sollicitait, comme une faveur d'un

prix inestimable, l'autorisation de passer devant le saint Sacrement la nuit du jeudi au Vendredi-Saint. « Une fois qu'elle sortait d'une longue maladie dont elle n'était pas encore remise, elle fut trouver sa supérieure pour lui demander par grande miséricorde de lui permettre de veiller la nuit du Jeudi-Saint, quoiqu'il n'y eût nulle apparence qu'elle le pût faire.

« Pour lui donner quelque consolation, dit la Mère Greyfié, je lui permis de se tenir au chœur depuis huit heures jusqu'à la procession de la ville, qui avait lieu vers les dix heures du soir. Elle accepta ce premier offre, et avec beaucoup d'humilité et de douceur me pria de lui prolonger ce temps, me disant qu'elle y serait une partie de la nuit pour moi et l'autre pour mes bonnes amies souffrantes... J'abandonnai la nuit à cette généreuse convalescente, qui ne manqua pas, à huit heures et demie, de prendre place au chœur et y demeura, dès lors, à genoux, les mains jointes, sans aucun appui, ni se remuer non plus qu'une statue jusqu'au lendemain à l'heure de prime, qu'elle se mit au chœur avec les autres. Lorsqu'elle me rendit compte de sa disposition pendant tout ce temps-là, elle me dit que Notre Seigneur lui avait fait la grâce d'entrer en participation de son agonie dans le Jardin des Olives, et qu'elle avait eu tant à souffrir, qu'à tout coup il lui semblait que son âme s'allait séparer de son corps (1). »

(1) *Vie et Œuvres*, t. I, p. 187.

C'est en souvenir de la demande de Notre Seigneur et aussi de la pratique de sa pieuse servante que l'exercice de « l'heure sainte » a été mis en honneur dans l'Eglise et qu'il a été adopté par un grand nombre d'âmes pieuses non seulement dans les cloîtres, mais même dans le monde.

PRIÈRE
de la B. Marguerite-Marie

O très sacré et adorable Cœur de Jésus, me voici humblement prosternée devant vous, avec un cœur contrit et pénétré de la vive douleur de vous avoir si peu aimé et tant fait d'injures par mes égarements, ingratitudes, perfidies et autres infidélités par lesquelles je me suis rendue indigne de vos miséricordes et de toutes les grâces et faveurs de votre pur amour. La honte que j'en ai ne me laisse d'autre parole pour m'exprimer, sinon de vous dire : J'ai péché contre vous. J'ai péché, ayez pitié de moi qui suis indigne de toute miséricorde. Ne me condamnez pas pourtant, ô Cœur divin, plein de charité. Ne m'abandonnez pas à la rigueur de votre justice, qui infailliblement punirait mes manquements d'amour envers vous par la privation éternelle de ce même amour. Ah ! que plutôt tous les tourments, peines et misères viennent fondre sur moi, que d'être un seul moment privée de vous aimer ! Et puisque c'est vous, ô Cœur divin, source d'amour qui avez reçu l'injure de toutes mes infidélités et de mon peu d'amour, vengez-vous comme se vengent ceux qui aiment. O Cœur pitoyable, sauvez-moi par l'excès de vos miséricordes. Ne me laissez pas périr dans mes iniquités. O Cœur d'amour, je crie à vous de l'abîme de ma misère : sauvez-moi par votre ardente charité. Sauvez-moi, je vous en conjure, par tout ce qui est en vous de plus capable à vous inciter à me faire cette grande miséricorde. Ayez donc pitié de ma pauvre âme qui attend son salut de vous. Ainsi soit-il.

Pratique

Demander souvent pardon à Notre Seigneur de la peine que nous avons tant de fois faite à son sacré Cœur par nos infidélités, nos fautes et nos froideurs.

Invocation

Cœur de Jésus, objet de toutes les complaisances du Père céleste, ayez pitié de nous.

Cor Jesu, in quo Pater sibi bene complacuit, miserere nobis.

PRATIQUES DE PIÉTÉ EN L'HONNEUR
DU SACRÉ CŒUR DE JESUS (suite)

    I.   Consécration au sacré Cœur de Jésus.

    II.   Amende honorable et réparation.

    III.   Exposition et vénération de l'image du Sacré-Cœur.

    IV.   Enrôlement dans quelqu'une des associations établies en l'honneur du sacré Cœur de Jésus.

I. — *Consécration au sacré Cœur de Jésus*. — Elle consiste à offrir à Jésus infiniment aimant notre être tout entier : notre âme avec ses facultés, notre cœur avec ses affections, notre corps avec ses organes; à nous donner à lui sans réserve et sans retour; à nous dévouer à son service; à nous engager à poursuivre en tout sa gloire, à nous toujours conduire d'après ses inspirations, à tout sacrifier à sa volonté et à son amour; à renouveler, de temps en temps, cette oblation de nous-même, à la rendre actuelle par la récitation de quelque formule apte à l'exprimer et à la graver dans l'esprit.

La bienheureuse Marguerite-Marie nous apprend qu'une consécration semblable lui fut demandée par Notre Seigneur. « Il me demanda, après la sainte communion, dit-elle, de lui réitérer le sacrifice que je lui avais déjà fait de ma liberté et de tout mon être, ce que je lui fis de tout mon cœur. »

Non contente de s'être consacrée au Sacré-Cœur et de réitérer fréquemment cette consécration, elle pressait tous ceux avec qui elle était en relations d'agir comme elle. Les *Contemporaines* nous apprennent que le P. de la Colombière, « pour s'occuper solidement et parfaitement du ministère que Dieu venait de lui confier, voulut commencer par lui-même. Il se consacra donc entièrement au sacré Cœur de Jésus et lui offrit tout ce qu'il crut en lui capable de l'honorer et de lui plaire ». Il fit cette consécration le 21 juin 1675, et il se plaisait à la renouveler fréquemment. Nous possédons le texte d'un acte de consécration au Sacré-Cœur composé par lui.

Lors de la célébration, au noviciat de Paray, le 20 juillet 1685, de la petite fête qui souleva au sein de la communauté un si gros orage, la Bienheureuse « commença la première à se consacrer au divin Cœur et voulut que les novices fissent de même, leur ordonnant d'écrire chacune la consécration qu'elles feraient d'elles-mêmes, selon leur attrait et selon que Notre Seigneur le leur inspirerait ».

L'année précédente, le 10 août 1684, elle avait écrit à la Mère de Saumaise : « Il faut commencer tout de bon à ne vivre que pour lui. C'est pour cela, ma très aimée Mère, qu'il me semble que vous feriez chose très agréable au sacré Cœur de Notre Seigneur, de lui faire un entier sacrifice du vôtre, un vendredi, après la sainte communion, pour ne vouloir plus vous en servir à d'autre usage qu'à celui de son amour, en lui procurant tout l'honneur et toute la gloire en votre pouvoir. »

Quatre mois plus tard, le 3 novembre 1684, elle écrivait dans des termes presque identiques à la Mère de Soudeilles : « Si vous désirez être du nombre des amies du Cœur de Jésus, vous lui offrirez ce sacrifice de vous-même, un premier vendredi du mois, après la sainte communion que vous ferez à cette intention, vous consacrant toute à lui, pour lui rendre et procurer tout l'amour, l'honneur et la gloire qui sera en votre pouvoir, et tout cela en la manière qu'il vous inspirera. Après quoi, vous ne vous regarderez plus que comme appartenante et dépendante de l'adorable Cœur de Notre Seigneur Jésus-Christ, y ayant recours en toutes vos nécessités et y établissant votre demeure, autant que vous le pourrez. »

La sainte voyante a résumé sa pensée sur le sujet qui nous occupe dans ces lignes adressées, le 22 janvier 1687, à son frère, le curé du Bois-Sainte-Marie : « Il me semble qu'il n'y a pas de plus court chemin pour arriver à la perfection, ni de plus sûr moyen de salut que d'être consacré à ce divin Cœur, pour lui rendre tous les hommages d'amour, d'honneur et de louanges dont nous sommes capables. »

La pratique de la consécration de tout son être au Sacré-Cœur a été fréquemment recommandée par les Souverains Pontifes ; elle l'a été d'une manière particulièrement pressante par Léon XIII dans son encyclique *Annum sacrum*.

II. — *Amende honorable et réparation*. — Nous avons déjà vu quelle large place la réparation et l'amende honorable occupent dans la dévotion au sacré Cœur de Jésus, dont elles sont une des fins. Les historiens de la B. Marguerite-Marie sont unanimes à constater que son existence n'a été qu'une longue immolation, qu'un perpétuel souci de consoler son Bien-Aimé si délaissé, si outragé. Elle n'a pas prêché la réparation par ses exemples seulement, elle n'a cessé de la recommander par la parole et par la plume. Pas un instant, elle n'a perdu de vue la demande qu'elle avait entendu formuler par Jésus : « Toi du moins donne-moi ce plaisir de suppléer à leur ingratitude autant que tu pourras en être capable. »

Après tout ce qui a été dit déjà sur la question de la réparation, il est inutile d'insister sur ce sujet. Toutes les âmes embrasées de l'amour du sacré Cœur de Jésus éprouvent le besoin de le consoler et « de suppléer à l'ingratitude des hommes autant qu'elles peuvent en être capables ».

III. — *Exposition et vénération de l'image du Sacré-Cœur*. — La B. Marguerite-Marie déploya un grand zèle pour répandre l'image du Sacré-Cœur et mit un soin inlassable à l'honorer et à la faire honorer. Elle en portait toujours une sur elle et pressait les autres de l'imiter. Elle ne cessait d'engager ses novices à en avoir une sur leur poitrine comme signe de consécration et gage de protection.

Elle aurait voulu que cette sainte image fut partout exposée et partout entourée de vénération. Elle affirmait que c'était le désir de Notre Seigneur. « Il m'a encore assuré, écrivait-elle, qu'il prenait un singulier plaisir d'être honoré sous la figure de ce cœur de chair dont il voulait que l'image fut exposée en public, afin, ajouta-t-il, de toucher le cœur insensible des hommes, me promettant qu'il répandrait avec abondance sur tous ceux qui l'honoreront tous les trésors de grâces dont il est rempli. Partout où cette image sera exposée, pour être singulièrement honorée, elle y attirera toutes sortes de bénédictions. »

« Il lui a donc fait connaître derechef, écrivait la Bienheureuse à la Mère de Saumaise en parlant d'elle-même à la troisième personne, le grand plaisir qu'il prend d'être honoré de ses créatures et il lui sembla qu'alors il lui promit que tous ceux qui seraient dévoués à ce Sacré-Cœur ne périraient jamais et que, comme il est la source de toutes les bénédictions, il les répandrait avec abondance dans tous les lieux où serait exposée l'image de cet aimable Cœur pour y être aimée et honorée. »

La même assurance est donnée dans la grande lettre au P. Croiset : « Il (Jésus) fait connaître... que, comme il est la source de toutes les bénédictions, il les répandrait abondamment dans tous les lieux où serait honorée l'image de ce Sacré-Cœur. »

A la suite de toutes ces déclarations, prêtres et fidèles ont mis un pieux empressement, une sainte émulation à donner satisfaction à ce vœu du Cœur de Jésus. Son image est exposée dans toutes les églises, elle occupe la place d'honneur dans beaucoup de maisons particulières, une infinité de chrétiens la portent religieusement sur leur poitrine. La pratique est on ne peut plus louable, à la condition d'être débarrassée de tout ce dont ne saurait s'accommoder une piété vraiment éclairée. Elle répond certainement à un désir de Notre Seigneur et il n'est pas douteux qu'elle ne puisse, comme celles dont il a déjà été parlé, devenir pour les âmes une source de particulière bénédiction.

IV. — *Enrôlement dans quelqu'une des nombreuses associations établies en l'honneur du Sacré-Cœur*. — Ces associations se sont énormément multipliées avec l'autorisation formelle ou tacite de l'Église. Un grand nombre d'entr'elles ont été enrichies de précieuses faveurs spirituelles. Il serait trop long de les énumérer toutes, surtout de donner quelques détails sur chacune d'elles ; qu'il suffise de nommer les principales.

Les plus célèbres sont : l'Archifrérie romaine, l'Apostolat de la prière, l'Heure sainte, la Garde d'honneur, l'Archiconfrérie du Sacré-Cœur de Montmartre, la Confrérie du scapulaire du Sacré-Cœur. Sur ces diverses associations on trouvera des renseignements dans tous les recueils où l'on s'occupe particulièrement du côté pratique de la dévotion au Sacré-Cœur.

On ne saurait terminer une énumération même extrêmement sommaire des exercices de piété établis en l'honneur du Sacré-Cœur, sans faire mention du *Mois du Sacré-Cœur*, aujourd'hui célébré dans presque toutes les églises et dans un grand nombre de familles chrétiennes du monde entier. Née en France, en 1833, cette dévotion s'est répandue dans tout l'univers catholique. Elle est devenue aussi populaire que celle du Mois de Marie lui-même. Pendant tout le mois de juin, les foules se pressent au pied des autels du Sacré-Cœur, heureuses de rendre à Jésus infiniment miséricordieux et infiniment aimant le culte d'amour, de louange, de réparation, qu'il attend en retour de tout ce qu'il a fait pour nous.

PRIÈRE
du vénérable P. de la Colombière

O très doux Jésus, source d'amour, père des miséricordes et Dieu de toutes les consolations, qui avez daigné nous découvrir, à nous pauvres et indignes pécheurs, les richesses ineffables de votre amour; en action de grâces pour vos innombrables bienfaits et spécialement pour l'institution de la sainte Eucharistie, et, en réparation de tous les outrages que votre Cœur a reçus de moi et des autres hommes dans ce mystère de votre infinie charité ; je voue à ce Cœur sacré tout ce que je suis et tout ce que j'ai, avec tous les biens et mérites que j'ai acquis par votre grâce et pourrai acquérir dans la suite, et je promets de propager, autant qu'il sera en mon pouvoir, le culte de votre divin Cœur.

Je supplie donc très humblement votre infinie bonté afin qu'il vous plaise de recevoir cet hôlocauste en odeur de suavité, et que, comme vous m'avez donné le désir de vous l'offrir, vous me donniez encore une grâce abondante pour l'accomplir. Ainsi soit-il (1).

Pratique

Propager autour de nous, autant qu'il est en notre pouvoir, le culte du Sacré-Cœur.

Invocation

Cœur de Jésus, patient et riche en miséricordes, ayez pitié de nous.

Cor Jesu, patiens et multæ misericordiæ, miserere nobis.

(1) L'acte de consécration du P. de la Colombière a été remanié par le R. P. Roothaan, général de la Compagnie de Jésus. C'est le texte du R. P. Roothaan qui est donné ici.

ROLE DE L'IMAGE DANS LA DÉVOTION
AU SACRÉ CŒUR DE JÉSUS

I. Importance considérable de ce rôle.

II. Choix judicieux et usage éclairé des images dans la dévotion du sacré Cœur de Jésus.

I. — Role considérable joué par l'image dans la dévotion du sacré Cœur de Jésus. — Depuis l'origine de l'Eglise, l'image a été employée pour instruire, édifier et porter les âmes à la dévotion. Elle a toujours joué un rôle considérable dans la piété chrétienne ; elle en a joué un capital dans l'établissement et dans la pratique de la dévotion au sacré Cœur de Jésus.

La B. Marguerite-Marie attacha, dès le début, une grande importance à l'image. Elle s'en servit pour toucher les cœurs et les gagner à sa chère dévotion. Elle s'appliqua à en répandre de nombreux exemplaires et ne négligea rien pour en populariser l'usage.

« Il (Jésus) m'a encore assuré, a-t-elle écrit

dans son autobiographie, qu'il prenait un singulier plaisir d'être honoré sous la figure de ce cœur de chair, dont il voulait que l'image fût exposée en public afin, ajouta-t-il, de toucher le cœur insensible des hommes, me promettant qu'il répandrait avec abondance sur tous ceux qui l'honoreront tous les trésors de grâce dont il est rempli. Partout où cette image sera exposée pour y être singulièrement honorée, elle y attirera toutes sortes de bénédictions. »

Elle reçut avec grande reconnaissance et grande joie de petits dessins faits à la plume que lui envoya la Mère Greyfié, alors supérieure du monastère de Semur-en-Auxois. « Je ne puis dire, lui écrivait-elle pour lui en accuser réception, la consolation que vous m'avez donnée en m'envoyant son aimable représentation, comme aussi en voulant bien nous aider à l'honorer avec toute votre communauté. Cela me cause des transports mille fois plus grands que si vous me mettiez en possession de tous les trésors de la terre. »

Elle garda toujours précieusement la miniature qu'elle avait reçue pour elle et la fit reproduire, plus tard, dans un tableau qui fut placé sur l'autel du petit oratoire élevé en l'honneur du Sacré-Cœur, dans le jardin du monastère.

On multipliait les images à la plume et les crayons, mais cela ne suffisait pas à l'ardente apôtre, il lui fallait mieux. Son zèle lui faisait vivement désirer qu'une planche fut gravée, afin que sur cette planche on pût tirer un grand nombre de copies qu'on répandrait dans le public.

Elle multiplia démarches et instances pour arriver à la réalisation de son vœu, et, lorsque le premier monastère de Paris lui eut donné satisfaction, elle écrivait, à la date du 17 janvier 1688, à la Mère de Saumaise qui s'était efficacement intéressée à l'affaire : « Je ne vous peux exprimer le doux transport de joie que ressentit mon cœur à la vue de ces saintes images, qui m'excitèrent à vous donner mille bénédictions en mon âme, qui estime la vôtre heureuse dans un si heureux succès, lequel vous était réservé avec toutes les grâces qu'il attirera sur votre âme. Et pour cette bonne Sœur — (la Sœur Jeanne-Madeleine Joly qui avait composé le dessin) — je crois, si je ne me trompe, qu'elle lui a donné plus de plaisir par ce qu'elle a fait en son honneur, qu'elle n'avait encore pu faire par toutes les actions de sa vie. »

Lorsqu'elle eut « la planche et les gravures en taille-douce » qu'elle souhaitait si ardemment, la pieuse visitandine s'occupa activement de répandre la chère image. Pour la faire accepter avec plus d'empressement par les fidèles et pour les porter à la bien honorer, elle leur affirmait que, comme le Sauveur « est la source de toutes les bénédictions, il les répandrait avec abondance dans tous les lieux où serait posée l'image de cet aimable Cœur pour y être aimée et honorée ; et, par ce moyen, il réunirait les familles divisées ; qu'il protégerait celles qui seraient en quelque nécessité ; qu'il répandrait la suave onction de sa charité dans toutes les communautés où serait honorée cette divine image ; qu'il en

S.

détournerait les cours de la justice divine ».

L'image du Sacré-Cœur se répandit très vite. On put la voir bientôt exposée à la vénération dans beaucoup d'églises, de chapelles et d'oratoires, sous forme de tableau simplement d'abord ; sous forme de statue et de tableau plus tard. Elle pénétra rapidement dans les demeures particulières et reçut une place d'honneur parmi les saintes images qu'on vénérait dans les foyers chrétiens. On en fit des médailles, des scapulaires, des reproductions sur soie ou sur toile, des miniatures, et l'on s'accoutuma à la porter sur soi. Elle était considérée par tous comme un symbole d'espérance et comme une garantie de spéciale protection.

L'usage de porter sur soi l'image du Sacré-Cœur, comme signe de consécration et gage de bénédiction, remonte à la Bienheureuse elle-même. Elle porta toujours une des deux miniatures que lui avait envoyées la Mère Greyfié et elle se plaisait, nous l'avons déjà vu, à recommander à ses novices cette pieuse pratique qui se généralisa assez promptement.

Lorsque la peste éclata dans leur ville, beaucoup de Marseillais, pour se mettre sous la protection du Sacré-Cœur, adoptèrent une sorte de scapulaire portant son image ; ils lui donnèrent le nom de *sauvegarde*, et nombreux furent ceux qui restèrent convaincus que, s'ils avaient échappé au fléau, ils le devaient à cet acte de foi et de confiance.

En 1748, Benoît XIV, qui connaissait la grande dévotion de la pieuse reine Marie Leczinska pour le Sacré-Cœur, lui envoya un grand nombre de cœurs en taffetas rouge brodés d'or.

C'est, une image du sacré Cœur de Jésus épinglée à leur veste de paysans, que les héros du Bocage et de la Vendée marchèrent aux combats de géants qu'ils livraient pour la défense de la religion. C'est, le même signe sacré fixé à leur tunique de zouaves pontificaux, que leurs descendants se couvrirent de gloire à Loigny et à Patay. C'est, le même emblème sur la poitrine que, de nos jours encore, tant de nos admirables soldats ont marché aux sanglantes batailles où se sont décidées les destinées non- seulement de la France, mais de la civilisation, du droit et de l'humanité tout entière.

Sous ses diverses formes, l'image du Sacré-Cœur est devenue extrêmement populaire. Il n'en est pas qui se soit plus répandue. On la voit partout. Plus que jamais, elle est un instrument d'apostolat et un objet particulièrement cher de vénération. Il n'est pas une église, si pauvre et si modeste soit-elle, où on ne la découvre. Elle y occupe la place d'honneur. On la voit aussi dans les communautés, dans les familles, dans les écoles chrétiennes; elle y est honorée, aimée, considérée comme une source de bénédictions et de grâces.

On se plaît à s'agenouiller à ses pieds pour méditer et pour prier. Là, on apprend à espérer, à souffrir, à se donner, surtout à aimer; car rien ne rappelle d'une façon plus saisissante qu'elle l'infinie charité de Jésus pour nous. On ne dira jamais assez tout ce dont la piété lui est redevable. Elle a fait l'édification et les délices d'une infinité de saintes âmes; elle a contribué à toucher et à ramener d'innombrables pécheurs; elle a attiré les plus précieuses faveurs sur les individus et les collectivités; elle a réalisé, en partie du moins, les grandes espérances que, dans sa foi ardente, Marguerite-Marie avait fondées sur elle.

II. — *Choix judicieux et usage éclairé des images dans la dévotion au Sacré-Cœur.* — Par rapport aux images du sacré Cœur de Jésus deux remarques sont à faire.

La première, c'est que, parmi ces images, non seulement il en est qui sont bien défectueuses au point de vue du goût religieux, mais il y en a qui laissent notablement à désirer au point de vue de la liturgie, de l'histoire ou de la théologie.

Aux types traditionnels, certains ont cru devoir ajouter des types nouveaux peu heureux; et, plus d'une fois, pour recommander ces produits d'une imagination mieux intentionnée que sage, ils les ont présentés comme le fruit d'une inspiration particulière du ciel ou même d'une véritable révélation de Dieu. Ils se sont fait les propagateurs de « sacrés-cœurs » plus ou moins étranges, auxquels ils donnent des noms, prêtent des formes et attribuent des fonctions dont il n'avait jamais été parlé jusqu'à eux.

De ces « sacrés-cœurs », l'Eglise en a ré prouvé plusieurs. La plus élémentaire prudence demande qu'on observe une extrême réserve et qu'on se tienne dans la défiance, tant que l'autorité ecclésiastique compétente ne s'est pas prononcée sur des innovations qui risquent d'être indiscrètes.

Il ne faut pas plus s'écarter des modèles reçus, qu'il ne faut ajouter foi aux visions et aux communications extraordinaires, jusqu'à ce que ceux qui prétendent en avoir été favorisés en aient établi la réalité par des preuves qui ne laissent place à aucun doute raisonnable. La Congrégation des Rites consultée a répondu, le 12 septembre 1857, en rappelant les règles établies par le concile de Trente et par Urbain VIII, que ces règles s'appliquent aux images du sacré Cœur de Jésus comme aux autres images de piété. Il est défendu d'exposer, dans les églises même exemptes et n'importe où ailleurs publiquement, les images que l'usage n'autorise point, à moins qu'elles n'aient été approuvées par l'Ordinaire.

La seconde remarque concernant les images du sacré Cœur de Jésus est celle-ci. Il a, maintes fois, plu à Notre Seigneur de récompenser la confiance mise en l'image de son sacré Cœur. Les médailles, les emblèmes, les scapulaires, les insignes, les sauvegardes le représentant ont été souvent la cause d'une protection spéciale. Les témoignages sont trop nombreux pour qu'on puisse les révoquer tous en doute. Pourtant, il faut se garder d'exagération, en attribuant à ces images diverses et au fait de les porter une vertu que rien ne garantit.

Parmi les fidèles il en est qui, mal éclairés, se font une conception fausse de la dévotion au Sacré-Cœur. Comme les pharisiens d'autrefois, ils accordent à des pratiques tout à fait secondaires une importance qu'elles ne méritent pas et leur prêtent une efficacité en quelque sorte infaillible qu'elles n'ont pas. Ces âmes ont une tendance à trop donner à l'accessoire et à ne pas assez se préoccuper de ce qui est vraiment l'essentiel.

Avoir l'image du sacré Cœur de Jésus exposée dans sa maison, placée sur sa porte ou fixée sur sa poitrine est chose certainement louable et pieuse en soi, mais il y a plus louable et plus pieux. Ce n'est pas en cela que consiste la vraie dévotion au Sacré-Cœur. Elle consiste à beaucoup aimer Notre Seigneur et à le lui montrer.

Nous lui montrons notre amour surtout en nous appliquant, pour le consoler, l'honorer et lui plaire, à vivre chrétiennement, à éviter le péché, à accomplir nos devoirs d'état, à faire fidèlement sa volonté, à lui donner les répations et les amendes honorables qu'il a demandées. Par cette ferveur intérieure, mieux que par toutes les pratiques purement extérieures, nous nous assurons son amitié, sa protection et ses grâces : *Si vous m'aimez,* nous a-t-il dit, *gardez mes commandements.*

PRIÈRE
de la B. Marguerite-Marie

O très amoureux Cœur de mon unique amour! Jésus, ne vous pouvant aimer, honorer et glorifier selon l'étendue du désir que vous m'en donnez, j'invite le ciel et la terre de le faire pour moi, et je m'unis à ces ardents séraphins pour vous aimer. O Cœur tout brûlant d'amour, que n'enflammez-vous le ciel et la terre de vos plus pures flammes, pour en consommer tout ce qu'ils enserrent, afin que toutes les créatures ne respirent que votre amour! Faites-moi ou mourir ou souffrir, ou du moins changez-moi toute en cœur pour vous aimer, en me consommant dans vos plus vives ardeurs. O feu divin, ô flammes toutes pures du Cœur de mon unique amour, Jésus, brûlez-moi sans pitié, consumez-moi sans résistance. O amour du ciel et de la terre, venez tout dans mon cœur, ô feu dévorant de la divinité, venez, venez, brûlez-moi, consumez-moi au milieu de vos plus vives flammes, qui font vivre ceux qui y meurent. Ainsi soit-il.

Pratique

Se bien préparer, tous les ans, à la fête du Sacré-Cœur, la célébrer avec tout son cœur, y faire comme l'a demandé Notre Seigneur, une fervente communion de réparation.

Invocation

Cœur de Jésus, libéral pour tous ceux qui vous invoquent, ayez pitié de nous.

Cor Jesu, dives in omnes qui invocant te, miserere nobis.

VINGTIÈME JOUR

ICONOGRAPHIE DU SACRÉ CŒUR DE JÉSUS

I. Le sacré Cœur de Jésus et l'iconographie avant Marguerite-Marie.

II. Le sacré Cœur de Jésus et l'iconographie depuis Marguerite-Marie.

I. — *Le sacré Cœur de Jésus dans l'iconographie catholique avant Marguerite-Marie.* — Nous trouvons dans l'hagiographie des traces de la dévotion au sacré Cœur de Jésus bien avant d'en rencontrer le moindre vestige dans l'iconographie religieuse. Celle-ci n'est arrivée que très lentement à la conception et à la représentation du Cœur adorable de Jésus. Les premières images qu'elle en a données ne sont guère antérieures au XVIe siècle.

Pendant les âges précédents, l'art chrétien, pour rappeler l'amour du Sauveur pour nous et exciter les âmes à la réciprocité de dilection, se servit des saintes plaies, surtout de la plaie du côté, d'où, suivant la doctrine des Pères, sont sortis les sacrements, la grâce, l'Eglise, le salut. Les imagiers du moyen âge se com-

plurent à reproduire la scène du soldat Lan-
gin transperçant de sa lance, sur le Calvaire,
la poitrine du Christ.

Ils aiment à montrer le côté ouvert, le sang
jaillissant de la blessure, l'Eglise recueillant
pieusement les gouttes qui en découlent. Sur
ce thème, ils se livrent à une infinité de variations, mais le fond ne change guère. On dirait
qu'ils sont étrangers au grand mouvement
d'idées qui se produit autour d'eux. Ils demeurent à la blessure extérieure, alors que, depuis
longtemps, les mystiques bénédictins, cister-
ciens, chartreux, franciscains ont passé de la
plaie du côté à celle du cœur.

L'évolution, qui s'est produite dans la litté-
rature ascétique au XIIᵉ et au XIIIᵉ siècle, n'a
eu son équivalent dans l'art que longtemps
après. Le cœur, en effet, n'a fait que tard son
apparition dans l'iconographie chrétienne. On
s'en servit pour les blasons avant de l'utiliser
comme sujet religieux. Et lorsque les artistes
commencèrent à faire figurer le cœur dans
leurs compositions de piété, le cœur qu'ils
représentèrent ne fut ni le cœur de Jésus, ni
le cœur de Marie, ni le cœur d'un bienheureux
quelconque, mais toujours le cœur du « chrétien fidèle », un cœur qu'on tient souvent à la
main soit pour l'offrir, soit pour demander à
Dieu de le bénir, de le purifier et de l'embraser.

C'est donc le cœur des hommes et non le
cœur du Fils de Dieu qui a d'abord les
honneurs de l'image religieuse. Le cœur qui
figure sur ces premiers essais est un cœur de
convention, un cœur n'ayant qu'une assez loin-

taine ressemblance de forme avec le cœur véritable. Les artistes ne se piquent pas de fidélité anatomique ; leur but est d'évoquer une idée et non de donner une reproduction exacte de l'organe. Cette catégorie de cœurs à reçu le nom de « cœurs héraldiques » ou encore de « cœurs archaïques ».

L'usage s'introduisit bientôt de donner un cœur comme attribut à un certain nombre de saints : pour saint Augustin, par exemple, c'est un cœur enflammé ; pour sainte Thérèse, un cœur percé d'une flèche. A la même époque, beaucoup d'ordres religieux faisaient entrer un cœur dans leur blason, mais on ne peut pas dire que ce cœur fut, habituellement du moins, le cœur de Jésus.

Celui-ci entra dans l'iconographie insensiblement, par une préparation lente, à la suite de l'évolution qui s'était produite dans la manière de représenter, aux yeux des fidèles, les cinq plaies du Sauveur. Vers la fin du XVe siècle, circulaient en Angleterre des images où ces plaies saintes étaient représentées tantôt par un cœur entre deux mains et deux pieds percés comme lui, tantôt simplement par un cœur, mais par un cœur portant cinq blessures distinctes.

Peu à peu cette dernière manière prévalut. On cessa de représenter les pieds et les mains, le cœur resta seul. Assez souvent, il était soit surmonté, soit percé de trois clous, entouré d'une couronne d'épines, environné de flammes, orné du monogramme du Christ.

C'est de la sorte que l'image du cœur de Jésus s'est dégagée progressivement de celle des cinq plaies et a pris place dans l'iconographie catholique. De cette image il existait déjà de nombreux spécimens à la fin du XVIIe siècle; mais dans tous, c'est le cœur héraldique qui est représenté. Les différences entre ces divers types proviennent uniquement de la disposition des ornements et du nombre des emblèmes dont le caprice et la piété des artistes se sont ingéniés à entourer le sujet principal.

II. — *Le sacré Cœur de Jésus et l'iconographie depuis la B. Marguerite-Marie*. — « Un jour de saint Jean l'Évangéliste, a écrit Marguerite-Marie en racontant la seconde grande apparition, le Cœur divin me fut représenté comme sur un trône de feu et de flammes, rayonnant de tous côtés, plus brillant que le soleil et transparent comme un cristal. La plaie qu'il reçut sur la croix y paraissait visiblement, il y avait une couronne d'épines autour de ce divin Cœur et une croix au-dessus. » C'est de ces paroles que, à l'avenir, l'art s'inspirera, sans pourtant s'en rendre esclave, pour reproduire l'image du Cœur sacré de Jésus.

A l'époque de la Bienheureuse, comme dans l'âge précédent, le type du cœur représenté seul régna sans aucun partage. De Semur la Mère Greyfié envoie à Paray, le 11 janvier 1686, « une douzaine de petites images où, il n'y a que celle du divin Cœur, avec la plaie du côté sur le même Cœur, la croix au-dessus et les trois clous, entouré de la couronne d'épines. »

A son tour, Sœur Marguerite-Marie adresse, le 15 septembre de la même année, à sa pieuse amie, la Mère de Soudeilles, « deux images du sacré Cœur de Notre Seigneur Jésus-Christ, dont on lui a fait présent. » Au centre est « le sacré Cœur entouré de huit jets de flammes, percé de trois clous autour desquels jaillissent aussi des flammes et surmonté d'une croix. La plaie béante de ce divin Cœur, découpée horizontalement, laisse échapper des gouttes de sang et d'eau dont le mélange forme, du côté gauche, un nuage sanglant. On lit au milieu de la plaie le mot *Charitas* écrit en lettres d'or. Autour de cet aimable Cœur règne une première couronne de *nœuds* entrelacés, appelés autrefois *lacs d'amour*, et autour de celle-ci une autre couronne d'épines très mince et très déliée ».

La première image gravée en taille-douce, à la demande instante de la Bienheureuse et par les soins du premier monastère de Paris, représentait uniquement le Cœur sacré de Jésus. Ce cœur était surmonté d'une croix, environné de flammes et couronné d'épines. De la blessure ouverte s'échappaient des gouttes de sang. Cette gravure n'était que la reproduction d'un dessin exécuté par la Sœur Joly, de Dijon, à la demande de la Mère de Saumaise. Du crayon de la Sœur Joly on avait seulement supprimé les accessoires : les anges adorateurs et la colombe planant au-dessus du cœur.

Au milieu d'ornements divers, c'est toujours le cœur détaché de la personne, l'organe sorti de la poitrine qui est représenté.

Les ornements qui reviennent le plus souvent sont : l'image de Dieu le Père, la colombe emblème du Saint-Esprit, des anges adorateurs, la sainte Vierge, saint Michel; plus tard, Marguerite-Marie en extase ou en prière, le P. de la Colombière. On y voit aussi, quelquefois, les figures symboliques de la religion ou des vertus théologales, le monogramme du Christ, les instruments de la Passion, des emblèmes comme le pélican, l'agneau, l'olivier.

Jusqu'à la Bienheureuse, a-t-il été dit, on s'était contenté de représenter le divin Cœur de Jésus, comme tout cœur humain du reste, sous une forme toute symétrique et conventionnelle; il en fut de même dans les premières images honorées à Paray. En 1688, la Sœur Joly commença à rompre, mais bien timidement, avec l'usage universellement répandu. Son innovation consista à peindre, au lieu d'un cœur droit, un cœur légèrement infléchi à gauche et, par là, ayant tendance à se rapprocher de la nature.

Le P. de Galliffet voulut rompre complètement avec la tradition et donner au cœur de Jésus sa véritable forme anatomique. Il fit graver, pour l'édition de 1745 de son livre *Excellence de la dévotion au Cœur adorable de Jésus*, un cœur non plus plat, mais assez fortement contourné dans ses lignes extérieures et laissant voir très apparentes les veines et les artères.

Quoique l'innovation, au dire de son auteur, eût été réclamée par de nombreuses personnes dévotes, elle ne fut pas goûtée.

Son réalisme déplut. On continua à donner
la préférence à la figure idéalisée à laquelle
on était accoutumé. La tentative du P. de
Galliffet — tentative que certains ont reprise,
depuis, sans plus de succès — eut pour tous
un heureux résultat : celui de faire sortir
l'art de la raideur et des invraisemblances
de l'inesthétique « type archaïque » et de
l'amener à créer un modèle de cœur, tenant
le milieu entre le type ancien trop oublieux
des réalités et le type nouveau trop pré-
occupé d'une ressemblance avec la nature,
dont la piété ne sent pas le besoin. C'est ce
modèle qu'ont adopté, à partir de cette époque, la plupart des peintres, des sculpteurs
et des graveurs.

L'initiative dont il vient d'être parlé n'est
pas la seule prise par le P. de Galliffet. Dans
l'édition qu'il avait donnée de son livre,
en 1726, il avait fait représenter Notre Seigneur tenant son cœur à la main et l'offrant
à la vénération des hommes. Cette innovation
fut le point de départ d'une profonde évolution dans l'iconographie du Sacré-Cœur. Avec
cette image le Christ-au-sacré-Cœur fait son
apparition dans l'histoire de l'art religieux.
L'ancien type, le type du cœur isolé de la
personne, continuera bien à prévaloir jusqu'à la fin du XVIIIe siècle, mais il ne sera
plus seul usité.

En 1731, Marseille fait exécuter une gravure commémorative de son vœu. Dans cette
gravure on voit le Sauveur assis sur les
nuages, il tend son Cœur à la sainte Vierge
représentée suppliante au milieu des pesti-

férés gisant sur le sol, tandis que l'évêque Belzunce et son clergé se tiennent prosternés dans l'attitude de la douleur et de la prière.

En 1750, Batoni peint pour l'église du Gesu, à Rome, un Christ debout ; la main gauche, rapprochée de la poitrine, supporte le cœur que montre la main droite.

Bientôt, au lieu de placer le cœur dans la main, on le représente ou apparent dans la poitrine entr'ouverte, ou saillant soit sur la poitrine nue, soit simplement sur la tunique, à l'endroit qui correspond à sa place naturelle.

Partant d'une même idée générale, les artistes ont donné libre cours à leur inspiration. Ils ont produit des spécimens très variés, pas tous également heureux. La plupart laissent à désirer ; ils ne répondent que très imparfaitement à l'idéale beauté du sujet et à notre désir. Il est vrai que c'est chose surhumaine de rendre, comme il le faudrait, la physionomie de l'Homme-Dieu dans un mystère qui évoque la pensée d'un amour infini, d'une incommensurable mansuétude, d'une tendresse et d'une bonté sans borne, et aussi d'une profonde douleur, de beaucoup de tristesse et d'une incomparable majesté.

La représentation de la personne au lieu de la simple représentation de l'organe a l'avantage de ne prêter à aucune ambiguïté. Avec elle, on n'est pas exposé à croire que le cœur qu'on adore est un cœur isolé, sorti de la poitrine, séparé sinon de la divinité, au moins du reste de l'humanité du Sauveur. On se rend compte, au contraire, que c'est à un cœur bien vivant, bien agissant, occupant sa place et remplissant ses fonctions dans l'organisme du Christ.

Cette manière de représenter le Sacré-Cœur a encore l'avantage de rappeler d'une manière sensible que derrière le cœur de chair, qui pour nous n'est qu'un symbole, se trouve Jésus souverainement aimant. C'est Jésus et son amour que nous devons avoir avant tout en vue; ils sont le véritable objet de notre culte.

Les préférences des fidèles et surtout celles de l'Eglise vont de plus en plus aux images du Sacré-Cœur reproduisant toute la personne du Christ, à celles où Jésus présente lui-même son cœur. Les avantages que nous venons d'indiquer et qui ne sont pas les seuls expliquent ces préférences et les légitiment.

Le cœur isolé continue pourtant à avoir ses partisans, surtout parmi ceux qui ont tendance à faire, dans la dévotion qui nous occupe, une part prédominante à l'objet sensible. L'Eglise autorise toujours cette image pour la dévotion privée; mais, depuis 1891, il n'est plus permis de l'exposer sur les autels à la vénération des fidèles. Seules doivent recevoir un culte public les images ou statues représentant Jésus montrant son cœur. Les autres, sans être toutes positivement réprouvées, ne répondent plus aux vues de l'Eglise; elles ne peuvent, à l'heure actuelle, se prévaloir que d'une simple tolérance de sa part.

PRIÈRE
de la B. Marguerite-Marie

C'est du profond abîme de mon néant que je me prosterne devant vous, ô très sacré et divin Cœur de Jésus, pour vous rendre tous les hommages d'amour, d'adoration, de louange dont je suis capable, et pour vous offrir toutes mes nécessités, en vous découvrant confidemment mes misères comme à mon parfait ami, ma pauvreté, ma nudité, mes infirmités, mes tiédeurs et mes lâchetés, enfin toutes les plaies de mon âme, vous suppliant d'en avoir pitié et compassion et de vouloir me secourir selon la grandeur de vos miséricordes. O Cœur de charité, sauvez-moi, je vous en conjure par tout ce qui est capable de vous exciter à m'accorder cette grâce finale et à tous ceux qui sont dans le même péril de leur salut. J'ai mis ma confiance en vous, ne me rejetez pas.

Faites-moi sentir, ô aimable Cœur, votre souverain pouvoir et à tous les cœurs capables de vous aimer : à mes parents, à mes amis et à toutes les personnes qui se sont recommandées à mes prières ou qui prient pour moi et à qui j'ai une particulière obligation. Assistez-les, je vous en conjure, selon leurs nécessités. O Cœur plein de charité, amollissez les cœurs endurcis et soulagez les âmes du purgatoire, soyez l'asile assuré de celles qui sont en agonie et la consolation de tous les affligés et nécessiteux. Enfin, ô Cœur d'amour, soyez-moi tout en toute chose ; mais surtout à l'heure de la mort, soyez le refuge assuré de mon âme étonnée. A ce moment, recevez-la dans le sein de votre miséricorde. Ainsi soit-il.

Pratique

Recommander souvent aux miséricordes du Sacré-Cœur les agonisants, surtout les agonisants dont la vie peu chrétienne a besoin d'une particulière indulgence.

Invocation

Cœur de Jésus, espérance de ceux qui meurent en vous, ayez pitié de nous.

Cor Jesu, spes in te morientium, miserere nobis.

LA DÉVOTION AU SACRÉ CŒUR DE JÉSUS ET LES AUTRES DÉVOTIONS

I. La dévotion au sacré Cœur de Jésus est une dévotion spéciale, distincte de toutes les autres dévotions et possédant une nature et une physionomie propres.

II. Ses rapports avec la dévotion au saint Sacrement et la dévotion à la Passion.

I. — *La dévotion au sacré Cœur de Jésus est une dévotion spéciale, distincte de toutes les autres dévotions et possédant une nature et une physionomie propres*. — Les dévotions se spécifient par leur objet ; il y a donc autant de dévotions réellement distinctes qu'il y a de dévotions ayant un objet réellement différent. Elles empruntent leur nom et, en quelque sorte, leur individualité à l'objet sensible qu'elles servent à honorer.

L'objet sensible dans la dévotion au sacré Cœur de Jésus, c'est le cœur de chair du Sauveur, adoré en tant que représentant, que symbolisent l'amour infini et les autres sentiments et dispositions de l'âme de Notre

Seigneur. Cet objet sensible on ne le trouve dans aucune autre dévotion. Il est absolument propre à la dévotion dont nous nous occupons et fait qu'elle ne saurait être confondue avec aucune autre.

Elle diffère encore des autres dévotions par son objet spirituel. La chose est évidente si l'on admet que cet objet comprend tous les sentiments, toutes les vertus, toutes les dispositions intérieures de Jésus ; car il n'y a ni fête ni dévotion établie, en dehors d'elle, pour honorer l'ensemble de ces perfections et amabilités.

La chose est vraie même si on adopte la thèse de ceux qui ne reconnaissent comme objet spirituel proprement dit que le seul amour de Notre Seigneur pour nous : d'abord parce que cet amour est vénéré dans la dévotion au Sacré-Cœur d'une manière tout-à-fait spéciale ; ensuite, parce que, si l'amour du Sauveur pour nous se trouve, sous quelqu'une de ses formes ou de ses manifestations, présenté à l'hommage des fidèles dans toutes ses fêtes, dans aucune on ne l'honore directement et on ne l'envisage dans la totalité de ses formes et de ses manifestations, comme on le fait dans la dévotion au Sacré-Cœur.

Cette existence propre, cette différence fondamentale sont nettement soulignées dans la *Réplique* aux objections du promoteur de la foi présentée, en 1765, à la Congrégation des Rites, au nom des évêques polonais. Il est dit dans cet acte : « La fête du Sacré-Cœur — on peut appliquer la remarque à la dévotion — ne rappelle pas une grâce particulière, mais la source même des grâces dans toute sa plénitude. Ce n'est pas un mystère particulier qu'on y adore et contemple, mais le principe même de tous les mystères. Toutes les grâces et tous les mystères contenus dans le Christ et le sanctuaire de son cœur sacré, tous les biens que la charité du très aimant Rédempteur a fait couler à flots sur les hommes, toute la passion intérieure de l'amour crucifié : voilà ce que la fête du Cœur de Jésus représente à notre mémoire, à nos méditations et à nos hommages. »

La Congrégation des Rites est encore plus explicite dans son décret de 1821. « La fête du Sacré-Cœur, y lisons-nous, n'a point pour objet un mystère particulier dont l'Église n'ait pas fait spéciale mention aux jours consacrés par elle. Cette fête est donc comme un résumé des autres solennités où l'on célèbre différents mystères, car elle a pour but d'honorer l'immense charité par laquelle le Verbe s'est fait chair pour notre salut, a institué le sacrement de l'autel, a porté le poids de nos péchés, s'est offert, en mourant sur la croix, à son divin Père comme victime et sacrifice. »

La dévotion au Sacré-Cœur a donc une existence bien propre. Quoiqu'elle soit « comme un résumé des autres solennités où l'on célèbre différents mystères », elle ne se confond avec aucune d'elles ; elle ne fait double emploi avec aucune autre dévotion, pas même avec celles qui ont avec elle le plus d'analogie. Elle s'harmonise merveilleusement avec toutes, en leur fournissant à toutes un splendide couronnement.

II. — *La dévotion au sacré Cœur de Jésus et les dévotions au saint Sacrement et à la Passion*. — Ces trois dévotions sont étroitement unies. Dans les divers documents liturgiques se rapportant au Sacré-Cœur, le souvenir de la Passion et celui de l'Eucharistie sont continuellement évoqués. Dans l'office et dans la messe, la Passion et l'Eucharistie sont partout données comme les marques les plus touchantes, comme les manifestations les plus impressionnantes, comme les preuves les moins contestables de l'immense charité de Jésus pour nous.

Aussi, à l'exemple de la B. Marguerite-Marie, les âmes pieuses font-elles marcher de pair ces trois dévotions. Elles les confondent dans un même amour et une même pratique. Il leur semble que, quoique parfaitement distinctes, elles s'appellent, se complètent et doivent rester très intimement unies.

1° *Sacré-Cœur et Eucharistie*. « Il y eut dans les commencements, dit le P. de Galliffet, des personnes qui prétendaient qu'il n'y avait aucune différence essentielle entre la dévotion au saint Sacrement et la dévotion au sacré Cœur ; et, par conséquent, elles rejetaient celle-ci comme n'ajoutant qu'un nom nouveau à une dévotion très ancienne. »

Pour comprendre combien ce sentiment est éloigné de la vérité, il suffit de se souvenir que ces deux dévotions n'ont ni le même objet, ni les mêmes motifs, ni la même fin. Il faut bien admettre qu'elles sont spécifiquement

distinctes puisque leurs éléments essentiels
ne sont pas identiques.

Mais, si la dévotion au sacré Cœur n'est pas
la dévotion à l'Eucharistie, elle y conduit.
Elle la favorise et la fait comme naturellement aimer. Partout où règne la dévotion au
sacré Cœur, se trouve florissante la dévotion à
la sainte Eucharistie. Elle se développe infailliblement à son ombre et sous son influence.
C'est là un fait que confirme l'expérience de
tous les jours.

Il n'y a guère de vrais dévots au sacré
Cœur qui n'arrivent, à la longue, aux dispositions de la vierge de Paray et dont on ne
puisse, jusqu'à un certain point, dire ce qu'elle
écrivait au P. Croiset, en parlant d'elle-même :
« Le saint Sacrement était tellement le centre
de son cœur, qu'elle ne trouvait de repos que
là où elle le sentait continuellement. » Bientôt, comme elle, ils éprouvent « deux grandes
faims : une de la sainte communion et l'autre
de la souffrance, mépris et anéantissement. »

Si le sacré Cœur conduit comme naturellement à l'Eucharistie, l'Eucharistie, par un
mystérieux retour, a une vertu particulière
pour mener les âmes au Cœur de Jésus. Elle
leur en fait comprendre les tendresses, goûter
les suavités, écouter les demandes et exaucer
les désirs. Chef-d'œuvre de l'amour du Christ
et son expression la plus touchante, elle prédispose à beaucoup aimer Celui qui, le premier, nous a aimés jusqu'à se donner pour
être : à la sainte table, la nourriture de notre
âme ; au tabernacle, notre ami, notre consolateur, le compagnon de notre exil ; à l'autel, la

victime d'agréable odeur sans cesse immolée à son Père pour suppléer à l'insuffisance de nos hommages et implorer miséricorde pour nos péchés.

2° *Sacré-Cœur et Passion.* — La dévotion au sacré Cœur est sortie de la dévotion aux souffrances et à la passion du Sauveur. Elle nous vient directement de la dévotion aux saintes plaies, surtout à la plaie du côté. Après être restée longtemps confondue avec elle, elle s'en est peu à peu détachée, comme se détache du rameau qui l'a porté le fruit arrivé à sa maturité. Il est venu un moment où elle s'est constituée en dévotion autonome ayant son objet propre et sa fin distincte.

Dans la dévotion au sacré Cœur, c'est Jésus aimant qu'on honore; dans la dévotion à la Passion, c'est Jésus souffrant qu'on révère, en révérant ses douleurs, ses humiliations, sa croix, ses clous et les autres instruments de son supplice. D'un côté, c'est l'amour manifesté par les souffrances; de l'autre, ce sont les souffrances inspirées par l'amour, qui forment l'objet spirituel du culte. La même différence existe par rapport à l'objet sensible qui est : ici, le cœur; là, les instruments et les plaies de la Passion.

S'il est clair que les deux dévotions ne peuvent pas être confondues, il est non moins clair qu'elles s'harmonisent merveilleusement et qu'elles sont étroitement unies. La dévotion au sacré Cœur plonge, en quelque sorte, ses racines dans la Passion; elle lui emprunte ses motifs, peut-être les plus impressionnants,

de beaucoup aimer Celui qui a poussé l'amour
pour nous jusqu'à se livrer aux tortures les
plus cruelles et à la mort la plus ignominieuse, afin de nous sauver : *Il m'a aimé et
s'est livré pour moi.* Elle s'alimente à cette
source, comme elle s'alimente à la sainte
Eucharistie. Rien ne prédispose mieux à
aimer le Cœur de Jésus que le souvenir des
souffrances qui y ont retenti, souffrances que
l'Eglise rappelle à chaque page de son office.

La dévotion au sacré Cœur et la dévotion à
la sainte Eucharistie, venons-nous de voir,
agissent dans une âme comme deux foyers qui
s'envoient leurs rayons et s'activent mutuel-
ment; il n'en est pas autrement de la dévotion au sacré Cœur et de la dévotion à la
Passion. Elles progressent simultanément
dans les cœurs. Là où l'une existe, l'autre
trouve un terrain de développement tout préparé.

De ce fait nous avons un exemple frappant
dans la B. Marguerite-Marie. Plus elle aima
Jésus, plus elle se sentit attirée vers le mystère de sa Passion et assoiffée de « souffrance,
mépris et anéantissement », suivant l'expression de sa supérieure, la Mère Greyfié.

La dévotion au sacré Cœur, la dévotion au
saint Sacrement et la dévotion à la Passion
forment comme une harmonieuse trilogie ;
elles s'appellent et se complètent; elles péné-
trent suavement l'âme et la conduisent par la
voie de l'amour aux pieds de celui qui a dit :
« *Je suis venu jeter un feu sur la terre; et
que veux-je sinon qu'il s'allume?* »

PRIÈRE
du P. Jacques Nouet S. J.

O Cœur divin, Cœur amoureux, Cœur tout consacré, donné, livré, dévoué à l'amour des hommes, je ne veux plus avoir de cœur que pour vous rendre un amour réciproque et me donner irrévocablement à vous. O blessure amoureuse d'où découlent l'eau et le sang pour le remède de toutes mes faiblesses, vous me blessez le cœur à la vue de tant de peines, de prodiges et de mystères. Divin côté, où le fer et l'amour ont fait une brèche si favorable, recevez mon cœur. Mon Sauveur, vous ne méprisez pas un cœur contrit et humilié, je vous prie de briser le mien de douleur, afin de le faire entrer dans le vôtre, et que de deux cœurs, il ne s'en fasse qu'un. Que si le mien ne vous semble pas assez pur, ôtez-le moi, s'il vous plaît, afin que je ne vive plus à moi-même; donnez-m'en un nouveau, afin que je vive une vie nouvelle; accordez-moi le vôtre afin que je ne vive plus que pour vous. Ah! je ne veux plus rien aimer à l'égal de ce grand Cœur qui m'a aimé plus que la vie. Je le dis en la présence de la bienheureuse Vierge, qui n'eut jamais de cœur que pour honorer le Cœur de son fils, je le dis en la présence de tous les saints qui ne trouvent de délices ni de plaisirs que dans ce grand Cœur, je dédie et je consacre mon esprit, ma mémoire, ma volonté, mon corps, mon âme et tout ce que je suis, à son honneur et je renonce à tout ce qui m'en peut empêcher. Cœur de Jésus, Cœur adorable, je quitte tout pour vous, je donne tout pour vous, je ne fais plus d'état que de vous, et comme vous êtes tout à moi, je veux être éternellement tout à vous. Ainsi soit-il.

Pratique

Tous les jours, « dédier et consacrer au Sacré-Cœur notre esprit, notre mémoire, notre volonté, notre corps, notre âme et tout ce que nous sommes ».

Invocation

Cœur de Jésus, source de vie et de sainteté, ayez pitié de nous.

Cor Jesu, fons vitæ et sanctitatis, miserere nobis.

LA DÉVOTION AU SACRÉ CŒUR DE JÉSUS ET LES RAVAGES DE L'HÉRÉSIE JANSÉNISTE AU XVIIe ET AU XVIIIe SIÈCLE

I. Ravages de l'hérésie janséniste dans une partie considérable de l'Eglise, au XVIIe et au XVIIIe siècle.

II. La dévotion au sacré Cœur de Jésus antidote providentiel du poison janséniste.

I. — *Ravages de l'hérésie janséniste dans une partie considérable de l'Eglise, au XVIIe et au XVIIIe siècle.* — Le jansénisme, cette hérésie subtile, cauteleuse, attentive à sauver les apparences, dissimulant son venin sous les dehors de la vertu, se targuant d'une piété, d'une austérité, d'un puritanisme qui impressionnaient, se couvrant des plus respectables autorités, avait, dans le cours du XVIIe et du XVIIIe siècle, séduit un grand nombre d'intelligences et par son rigorisme exerçait sur les cœurs la plus pernicieuses des influences. Sous prétexte de religion et de respect, elle éloignait de Dieu et conduisait à l'abandon des sacrements.

Elle représentait Dieu comme un être lointain, sec, sévère, perdu dans son impressionnante majesté, n'ayant rien de commun avec le père tendre et infiniment miséricordieux dont nous parle l'Evangile ; comme un maître distant, froid, exigeant, dont la pensée serre le cœur, y jette la crainte et en comprime tous les élans ; bien plus, comme une sorte de tyran cruel imposant à ses créatures des devoirs au-dessus de leurs forces, leur donnant des lois et ne leur accordant pas toujours les secours dont elles ont besoin pour les observer, sauvant les justes comme malgré eux, contraignant leur volonté, leur ôtant toute possibilité de résistance, tandis que d'autres manquent des grâces indispensables. Sur la croix, le Christ n'est pas mort pour tous les hommes. Il est mort seulement pour un tout petit nombre de prédestinés.

Ces doctrines desséchantes et désolantes n'étaient bonnes qu'à remplir l'âme non pas d'un effroi salutaire, mais de désespérantes terreurs. Elles éloignaient d'un Dieu qu'on ne savait plus que craindre ; et, à force de préconiser sa grandeur, sa sainteté, ses exigences, sa rigoureuse justice, elles finissaient par détourner de lui. On n'osait plus le regarder en face.

Le livre d'Arnauld sur la *Fréquente communion* avait de nombreuses éditions, il était répandu partout dans notre pays et il exerçait la plus dissolvante influence. On croyait faire acte de piété et preuve de religion en s'abstenant, des années entières, de s'approcher de la sainte table ; et la vie chrétienne s'en allait des âmes à mesure que les âmes s'écartaient de la source de la grâce, de Celui qui a dit : « *En vérité, en vérité, je vous le dis : si vous ne mangez la chair du Fils de l'homme et ne buvez son sang, vous n'aurez pas la vie en vous* (1). »

Une autre caractéristique du jansénisme, c'était l'orgueil de l'esprit, orgueil qui dessèche le cœur, étouffe toute humilité et remplit d'une attache exagérée au sens propre. Les jansénistes se faisaient remarquer par un entêtement irréductible et un refus opiniâtre d'accepter les décisions de l'autorité ecclésiastique, même la plus haute, quand elles allaient contre leur manière de voir. Ils se défendaient d'être des hérétiques, ils se proclamaient fils dévoués de l'Eglise, ce qui ne les empêchait pas d'en appeler de ses sentences et, retranchés derrière leur fameux silence respectueux, de soutenir que, pour être bon catholique, il suffit de recevoir les décisions du Saint-Siège avec déférence extérieure, sans qu'il soit nécessaire de donner l'adhésion intérieure du jugement.

Ce qui vient d'être dit ne constitue point tout le jansénisme, mais il en résume le fond et en indique l'esprit. Mieux que tout, la dévotion au Sacré-Cœur a réagi contre cet esprit et a contribué à le faire peu à peu disparaître. Elle a propagé dans les masses des doctrines et des pratiques allant directement à l'encontre des doctrines et des pratiques jansénistes.

(1) Jean, VI, 54.

II. — *La dévotion au sacré Cœur de Jésus antidote providentiel du poison janséniste*. — La dévotion au sacré Cœur de Jésus a été l'antidote donné par la Providence pour arrêter les ravages que le jansénisme opérait dans les âmes. Le P. Eudes et la B. Marguerite-Marie furent suscités par Dieu pour populariser un culte dont les tendances et l'esprit allaient à l'encontre des tendances et de l'esprit de la dangereuse hérésie.

La dévotion au Sacré-Cœur a appris à voir en Dieu surtout un père miséricordieux et bon. Elle nous parle principalement de son amour, de son dévouement, de sa tendresse infinie. Au Dieu sévère, impressionnant, presque rebutant de la secte, elle oppose un Dieu compatissant, généreux, secourable, accessible à tous, toujours pitoyable à la faiblesse et indulgent au repentir; un Dieu « qui a tant aimé les hommes qu'il n'a rien épargné jusqu'à s'épuiser et se consommer pour leur témoigner son amour »; un Dieu qui ne fait plus peur; un Dieu dans les bras duquel on se sent porté à se jeter avec confiance, malgré toutes les imperfections, toutes les misères, toutes les ingratitudes, tous les torts et tous les péchés que l'on peut avoir à se reprocher.

La dévotion au Sacré-Cœur a puissamment contribué à ramener les chrétiens vers la sainte table. Elle a présenté la communion comme répondant à un des vœux les plus chers de Jésus et, sous sa bienfaisante influence, on a vu les âmes revenir aux pratiques ferventes de la primitive Église. Grâce à elle, la communion fréquente a été remise en honneur et, si cette communion est aujourd'hui usitée non seulement dans les communautés religieuses, mais même dans le monde, le mérite lui en revient en très grande partie.

« Tu me recevras dans le saint Sacrement autant que l'obéissance te le voudra permettre. ...Tu communieras, de plus, tous les premiers vendredis de chaque mois », avait dit Notre Seigneur à sa pieuse confidente, et cette divine demande est devenue comme la règle de conduite de tout vrai dévot du Sacré-Cœur. L'amour filial et confiant, fruit de notre dévotion, a fait insensiblement tomber la barrière de crainte et de sophisme que le jansénisme avait élevé entre l'âme chrétienne et l'Eucharistie.

La dévotion au Sacré-Cœur n'a pas été un remède moins efficace contre l'orgueil de l'esprit, qu'on a, avec juste raison, reproché au jansénisme. Elle a rappelé partout et à tous la parole de Celui qui « s'est anéanti en prenant la forme de l'esclave » : « *Apprenez de moi que je suis doux et humble de cœur.* »

Pour nous mieux faire sentir l'étendue de la charité extrême qu'il nous a portée, elle évoque fréquemment le souvenir des abaissements auxquels le Christ s'est soumis, par amour pour nous, dans son incarnation, dans sa vie, dans sa passion et dans sa mort. Elle nous apprend à estimer une vertu et à communier à une disposition que l'on trouve, brillant d'un éclat particulier, dans l'âme du Sauveur, notre modèle à tous.

Instruite par les leçons comme par les exemples de son divin Maître, la B. Marguerite-Marie s'est constituée l'apôtre de l'humilité. « C'est la voie sûre pour vous, écrivait-elle à la Sœur de la Barge, et j'estime que Notre Seigneur vous fait une très singulière faveur de vous en donner la vue et le désir. Car il n'y a pas de plus efficace moyen pour entrer et se conserver dans l'amitié du Sacré-Cœur. »

Dans la manière de se conduire de la sainte et dans les instructions qui lui ont été données par Jésus, on trouve la condamnation de la conduite des jansénistes à l'égard de leurs légitimes supérieurs. L'obéissance fut une de ses vertus favorites; même au milieu des faveurs les plus extraordinaires qu'elle recevait du ciel, elle resta toujours obéissante, comme elle resta toujours humble et mortifiée. C'est un témoignage que ses supérieures et ses compagnes ont été unanimes à lui rendre. Elle ne voulait rien faire par esprit propre, mais tout dans la plus religieuse dépendance et la plus absolue soumission à la volonté de celles qui avaient charge de la conduire.

Quelle que fût la violence de son attrait personnel, quelle que fût même la force de sa conviction que Dieu lui demandait telle ou telle chose, elle fit, en toute circonstance, preuve de la plus édifiante déférence à l'égard des moindres directions de ses supérieures. Personne, dans le monastère, n'obéissait avec plus de simplicité, de promptitude, de perfection et de joie. Entre un ordre reçu de sa supérieure et un ordre qu'elle croyait avoir entendu sortir de la bouche de Jésus, elle n'hésita jamais; malgré, parfois, un peu d'anxiété, c'est à l'ordre de sa supérieure qu'elle se conforma toujours.

En agissant de la sorte, elle ne faisait d'ailleurs que suivre les instructions de son divin Maître, qui lui avait dit, un peu avant sa profession : « Désormais, j'ajusterai mes grâces à l'esprit de ta règle, à la volonté de tes supérieures et à ta faiblesse. Tiens pour suspect tout ce qui te pourrait retirer de l'exacte pratique de la règle. Je veux que tu la préfères à tout le reste, même la volonté de tes supérieures à la mienne, lorsqu'elles te défendront ce que je t'aurai ordonné (1). »

Que nous sommes loin de l'esprit et des pratiques du jansénisme! Jansénisme et dévotion au Sacré-Cœur sont bien tout ce que l'on peut imaginer de plus opposé ; la diffusion de la dévotion au Sacré-Cœur, au moment où la subtile hérésie janséniste allait faire courir un si grand danger aux âmes, est un de ces actes de providence par lesquels Dieu, aux heures particulièrement délicates, manifeste sa protection et fait surgir le remède efficace à côté d'un mal qui semble sur le point de tout envahir. On a eu raison de le dire : le jansénisme a été contenu et vaincu en très grande partie par la dévotion au sacré Cœur de Jésus.

(1) *Vie et œuvres*, t. 1, p. 67.

PRIÈRE
du vénérable M. Boudon

O mon Jésus, c'est dans votre Cœur, abîme d'amour, que je quitte mon être et tout ce que je suis ; que je consomme et anéantis mon chétif cœur et tous ses mouvements. Non, je proteste en présence de toutes les belles intelligences du paradis, de tous les saints et spécialement de mon cher ange, de saint Jean l'Évangéliste, que je ne veux plus rien faire du tout par mon propre mouvement ; que j'aimerais mieux mourir que de regarder un seul moment d'autres intérêts que ceux de votre Cœur glorieux ; que je veux purement me tenir comme son instrument, me laissant conduire à tout ce qu'il voudra et ne prenant aucune part qu'à ses seules affaires. Oui, ô Cœur suraimable, Cœur précieux, Cœur inestimable, quand je devrais être privé du ciel et de la terre, je le veux, s'il y va d'un tout petit brin de sa gloire. Vous serez à jamais mon cher tout. Que je meure, que je vive, qu'il m'arrive tout ce qui pourra, n'importe. Je ne pense, je ne veux, je n'aime que vous seulement. Je ne demande rien, je ne veux rien ; ce que vous voulez, c'est tout ce que je désire. Je ne veux penser que par vos pensées, n'estimer que ce que vous estimez et ne vivre que de votre vie. Je m'unis à tous les desseins que vous avez que la sainte Vierge, saint Joseph, les anges et les saints soient honorés. O amour, ô pur amour, ô divin amour, anéantissez-moi entièrement dans vos pures et divines flammes. Ainsi soit-il.

Pratique

A l'exemple de Jésus, nous appliquer à devenir « doux et humbles de cœur ».

Invocation

Cœur de Jésus, rassasié d'opprobres, ayez pitié de nous.

Cor Jesu, saturatum opprobriis, miserere nobis.

VINGT-TROISIÈME JOUR

LA DÉVOTION AU SACRÉ CŒUR DE JÉSUS
ET LES BESOINS RELIGIEUX DE L'HEURE PRÉSENTE

I. Principaux besoins et maux religieux de l'heure présente.

II. Remède qu'ils trouvent dans la dévotion au sacré Cœur de Jésus.

I. — *Besoins et maux religieux de l'heure présente.* — Le grand péril religieux de notre temps, au témoignage des Pères du concile du Vatican, « est cette doctrine du *naturalisme* et du *rationalisme*, qui s'est répandue au loin dans le monde. Elle s'attaque par tous les moyens à la religion chrétienne, parce qu'elle est une institution surnaturelle. Elle met tout en œuvre pour établir ce que l'on appelle le règne de la raison, et elle voudrait arracher le Christ, notre unique Seigneur et Sauveur, de l'âme humaine, de la vie et des mœurs des peuples » (1).

La négation d'un ordre surnaturel et le rejet de la divine royauté du Christ sont les

(1) Concil. Vatic., Sessio III, *De fide.*

deux caractéristiques de l'impiété contemporaine. De toutes parts, même après les cruelles épreuves que nous venons de traverser, retentit, répété par les individus et par les peuples, l'odieux cri des juifs : « Nous ne voulons pas que celui-là règne sur nous ; *Nolumus hunc regnare super nos.* » On veut bien révérer Jésus de Nazareth comme un des plus beaux caractères qui aient paru sur la terre, comme un des types qui honorent davantage l'humanité, même comme le plus grand des enfants des hommes ; mais on se refuse à voir en lui le Fils de Dieu, le « Verbe fait chair, pour nous et pour notre salut ». .

Beaucoup, laissant loin derrière eux les déistes du XVIIIe siècle, en sont arrivés à nier l'existence de Dieu, ou au moins à n'admettre qu'un Dieu impersonnel qui n'a rien de commun avec le Dieu que nous révèle la foi et que la religion nous apprend à adorer.

Le rationalisme et le naturalisme n'ont pas agi seulement sur les esprits, ils ont agi aussi sur les volontés et sur les cœurs. Sous leur influence, on a vu se développer l'indifférence religieuse. Elle a pénétré dans les masses populaires et y opère d'inquiétants ravages, après avoir été autrefois l'apanage des esprits-forts appartenant, pour la plupart, à ce que l'on est convenu d'appeler les classes supérieures.

A mesure que la foi a baissé et qu'ont été négligées les pratiques religieuses, on a vu se répandre l'égoïsme, la sensualité, le relâchement des mœurs. En s'éloignant de Dieu, l'homme s'est comme naturellement tourné vers les créatures. Ayant cessé de contempler le ciel, il n'a plus vu que la terre et ses vulgaires plaisirs. Peu de siècles ont été aussi voluptueux et aussi assoiffés de jouissances que le nôtre. « Nulle dévotion, a dit Mgr Baudry, n'est plus appropriée aux besoins d'une pareille époque. A l'égoïsme de notre temps, à ses tendances sensuelles, à son indifférence religieuse, elle oppose le culte le plus dévoué, le plus pur, le plus désintéressé, le plus compatissant. »

II. — ***Remède que lés principaux maux religieux de l'heure présente trouvent dans la dévotion au Sacré-Cœur.*** — On connaît la célèbre vision de sainte Gertrude. Admise à laisser sa tête reposer sur l'adorable poitrine de son Sauveur, le jour de la fête de saint Jean l'Evangéliste, elle goûta une douceur si ineffable à sentir les pulsations très saintes du cœur de Jésus, qu'elle ne put s'empêcher d'exprimer son étonnement au disciple bien-aimé de ce que l'ayant éprouvée, il n'en eût rien dit dans son évangile. « Pourquoi donc, lui demanda-t-elle, avez-vous gardé là-dessus un silence si profond que vous n'ayez rien écrit, au plus grand profit de nos âmes? » Et saint Jean lui répondit : « Ma mission était d'offrir à l'Eglise, dans son premier âge, sur le Verbe incréé de Dieu le Père une simple parole qui suffirait, jusqu'à la fin du monde, à satisfaire l'intelligence de la race humaine tout entière, sans toutefois que personne arrivât jamais à la pleinement comprendre. Quant au très doux langage de ces pulsations du cœur du Seigneur, c'est aux derniers temps qu'en est réservée la pleine manifestation, afin que le monde engourdi par l'âge reprenne dans l'amour divin quelque chaleur, en apprenant ces mystères. »

Que nous soyons ou non « aux derniers temps », la dévotion au Sacré-Cœur est considérée par tous comme un don inestimable fait « au monde engourdi par l'âge », comme « un remède préparé par la bonté divine, ainsi que s'expriment les Pères du concile du Vatican dans leur supplique à Pie IX, pour guérir les maux sans nombre qui travaillent la société humaine ».

C'était là la persuasion des évêques composant le second concile de Baltimore ; ils disaient : « L'Eglise a déclaré que cette dévotion (la dévotion au Sacré-Cœur) convient d'une manière spéciale aux nécessités des temps actuels. »

Une foule de conciles provinciaux, tenus en France et à l'étranger, dans le cours du siècle dernier, ont recommandé instamment au clergé de se pénétrer de la dévotion au Sacré-Cœur et de l'opposer aux flots toujours montants du sensualisme, de l'incrédulité, de l'indifférence religieuse et de l'impiété.

La dévotion au Sacré-Cœur rappelle aux *égoïstes* que le Fils de Dieu a poussé l'oubli de lui-même, le dévouement aux hommes jusqu'à donner sa vie pour eux, et à la donner dans des conditions qui augmentent singulièrement le prix de son sacrifice.

La dévotion au Sacré-Cœur rappelle aux *sensuels* que le Christ, qui, en raison de son infinie puissance, pouvait s'accorder **tous les** biens, tous les honneurs, toutes les aises de la vie, a pris pour sa part la pauvreté, les privations, les souffrances, la croix. Cette croix, il l'a chargée sur ses épaules le jour de sa naissance, il ne l'a déposée qu'à sa mort, sur le Calvaire, après avoir épuisé la coupe de toutes les ignominies, de tous les outrages, de toutes les ingratitudes, de toutes les tortures physiques et morales.

La dévotion au Sacré-Cœur rappelle aux *voluptueux*, à ceux qui vivent dans la mollesse des mœurs et la poursuite des jouissances matérielles, qu'à côté des affections qui souillent et avilissent, il y a des affections très pures, très élevées, très capables de donner satisfaction à toutes les légitimes aspirations du cœur. Elle offre à tous un modèle parfait, un admirable type de tendresse et d'amour, bien propre à séduire quiconque à l'âme un peu haute et les sentiments un peu délicats. Elle fait germer l'amour de Dieu à la place de l'amour des créatures et embrase les cœurs des plus saintes flammes.

La dévotion au Sacré-Cœur réagit de la façon la plus heureuse contre l'*indifférence religieuse :* d'abord, en fournissant aux âmes les motifs les plus capables de les porter à secouer leur torpeur, et à beaucoup aimer un Dieu qui les a si démesurément aimées ; ensuite, en les poussant non pas seulement à une vie chrétienne, mais encore à une vie fervente. Elle ne se contente pas des pratiques essentielles de la religion, elle recommande une foule d'œuvres qui, tout en n'étant pas prescrites, sont très agréables à Notre Seigneur et deviennent, pour celui qui les accomplit, le principe de progrès spirituels rapides, comme sont : la communion fréquente, l'amende honorable, la réparation, les pénitences et une multitude d'autres qui ont la plus salutaire influence sur la vie intérieure d'une âme.

La dévotion au Sacré-Cœur est un précieux antidote contre l'*incrédulité* si répandue de nos jours dans tous les rangs de la société. Cette dévotion est comme une vivante profession de foi. Elle constitue une implicite affirmation de la plupart de nos dogmes fondamentaux, principalement de ceux qui se rapportent aux deux grands mystères de l'Incarnation et de la Rédemption.

Elle suppose et proclame la croyance : à la divinité du Verbe, à son incarnation, à l'existence de la dualité de nature dans l'indissoluble unité de personne en Notre Seigneur, au droit absolu de celui-ci de recevoir un vrai culte de latrie jusque dans son humanité et chaque partie de son humanité hypostatiquement unie à la divinité, au fait capital de notre rédemption, à l'ordre surnaturel de la grâce, à l'amitié de Dieu pour l'homme, à tout ce que l'incrédulité de notre temps nie avec le plus d'obstination et attaque avec le plus de violence.

Le but de la dévotion au Sacré-Cœur étant de faire aimer Jésus et d'étendre son règne non seulement sur les particuliers, mais sur les nations aussi, on peut la considérer comme un des remèdes spécifiques appelés à guérir le mal qui ronge nos sociétés. On est en droit de dire qu'elle répond autant et mieux qu'aucune autre aux besoins religieux de l'heure actuelle.

PRIÈRE

de la vénérable Mère Marie du Divin Cœur

Mon très aimable Jésus, je me consacre aujourd'hui, de nouveau et sans réserve, à votre divin Cœur. Je vous consacre mon corps avec toutes ses facultés, et mon être tout entier. Je vous consacre toutes mes pensées, mes paroles et mes œuvres, toutes mes souffrances et mes peines, toutes mes espérances, mes consolations et mes joies, et principalement je vous consacre mon pauvre cœur, afin qu'il n'aime que vous et se consume comme victime dans les flammes de votre amour.

Agréez, ô Jésus, le désir que j'ai de consoler votre divin Cœur et de vous appartenir pour toujours.

Prenez possession de moi, de telle sorte que désormais je n'aie d'autre liberté que celle de vous aimer, ni d'autre vie que celle de souffrir et de mourir pour vous.

Je mets en vous toute ma confiance, une confiance sans bornes, et j'espère de votre miséricorde infinie le pardon de mes péchés.

Je remets entre vos mains tous mes soucis et surtout celui de mon salut éternel. Je vous promets de vous aimer et de vous honorer jusqu'au dernier instant de ma vie et de propager, autant que je le pourrai, le culte de votre sacré Cœur.

Disposez de moi, ô mon Jésus, selon votre bon plaisir ; je ne veux d'autre récompense que votre plus grande gloire et votre saint amour.

Accordez-moi la grâce de trouver ma demeure dans votre divin Cœur ; c'est là que je veux passer tous les jours de ma vie, que je veux rendre mon dernier soupir. Établissez dans mon cœur votre demeure et le lieu de votre repos, pour que nous demeurions ainsi intimement unis, afin qu'un jour, je puisse vous louer, vous aimer et vous posséder pour toute l'éternité, là-haut, dans le ciel, où je chanterai à jamais les infinies miséricordes de votre sacré Cœur. Ainsi soit-il.

Pratique

Recommander fréquemment nos derniers moments au Cœur très miséricordieux de Jésus.

Invocation

Cœur de Jésus, notre vie et notre résurrection, ayez pitié de nous.

Cor Jesu, vita et resurrectio nostra, miserere nobis.

VINGT-QUATRIÈME JOUR

DÉVOTION AU SACRÉ CŒUR DE JÉSUS ET CHRISTIANISME

I. La dévotion au sacré Cœur de Jésus et l'essence du christianisme.

II. La dévotion au sacré Cœur de Jésus et les vertus chrétiennes.

I. — *La dévotion au sacré Cœur et l'essence du christianisme.* — La religion chrétienne est essentiellement une religion d'amour. Née de l'amour de Dieu pour nous, elle a pour but de conduire les hommes à l'amour de Celui qui le premier les a si tendrement aimés, et, par cet amour, à l'éternité bienheureuse, éternité qui ne sera qu'un acte d'amour sans fin. « Dans l'Eglise de Jésus-Christ, lisons-nous dans le *Traité de l'amour de Dieu* de saint François de Sales, tout appartient à l'amour, tout est fondé sur l'amour et tout est amour. Dieu, qui a créé l'homme à son image, veut qu'en l'homme, comme en Dieu, tout soit ordonné par l'amour et pour l'amour. »

Commentant pour ainsi dire ces paroles, Mgr Baunard a écrit dans son beau livre

Un siècle de l'Eglise de France : « Il y a pour nous une théologie du Sacré-Cœur : c'est celle qui, après saint Augustin et Bossuet, considérant que Dieu est le cœur éternel, *Deus caritas est,* trouve dans cette charité le pourquoi, sinon le comment, de toute la succession des mystères chrétiens. Dieu aime ; aimer, c'est donner. Dieu nous a tout donné et s'est donné lui-même, à commencer par l'existence et celle de tous les êtres : voilà la création. — Dieu aime ; aimer, c'est parler, se faire entendre à ce que l'on aime ; et voilà la révélation, les saintes lettres, la loi. — Dieu aime ; aimer, c'est se faire semblable à ce qu'on aime ; et voilà l'incarnation. — Dieu aime ; aimer, c'est vouloir être perpétuellement présent à ce qu'on aime ; et voilà l'eucharistie, la présence réelle, l'autel. — Dieu aime ; aimer, c'est se donner à chacun de ceux qu'on aime ; et voilà la divine communion, la cène. — Enfin aimer, c'est vouloir rendre heureux avec soi et à jamais tous ceux qu'on a aimés ; et voilà l'éternelle béatitude et le ciel. Vaste synthèse de l'amour qui est aussi celle de toute notre foi. »

La dévotion au Sacré-Cœur n'est pas simplement une dévotion répondant aux plus pures aspirations du cœur humain et donnant satisfaction aux besoins d'âmes ou très élevées ou particulièrement sensibles ; elle n'est pas seulement une fleur magnifique poussée sur les sommets de la dogmatique chrétienne ; elle est, en quelque sorte, la synthèse de toute la doctrine catholique, la quintescence même du christianisme qui se résume dans l'amour de Jésus pour nous et de nous pour Jésus.

La dévotion au Sacré-Cœur, c'est l'évangile de saint Jean porté sur le terrain de la pratique et traduit en actes. On comprend, après cela, que Mgr Pie n'ait pas craint d'avancer que « le christianisme ne saurait être identifié aussi absolument avec aucune autre dévotion comme avec la dévotion du Sacré-Cœur ».

II. — *La dévotion au Sacré-Cœur et les vertus chrétiennes*. — La dévotion au Sacré-Cœur est un perpétuel exercice de foi, par l'adhésion qu'elle implique aux dogmes les plus mystérieux de la religion ; elle est une source d'espérance, par les très consolants motifs de confiance qu'elle fournit aux âmes ; elle est un incomparable principe de charité, par le souvenir qu'elle évoque de la tendresse sans borne et des infinies amabilités de Jésus.

Par le fait même qu'elle allume dans notre cœur les flammes de la divine charité, elle y allume le désir du bien, le zèle de la sanctification, le souci agissant de progresser dans toutes les vertus ; elle nous rend capables de tous les efforts, de tous les sacrifices, de toutes les victoires.

L'amour est, en effet, le grand générateur de la générosité et de l'héroïsme. A qui aime rien ne coûte, rien aussi ne paraît impossible. On s'impose avec joie toutes les violences, heureux d'avoir par là une occasion de manifester les sentiments dont on est animé. Les vertus naissent et se développent dans une âme parallèlement avec la charité. Plus celle-ci y est grande, plus celles-là y sont considérables.

Mais ce n'est pas seulement en développant la charité que la dévotion au Sacré-Cœur favorise la pratique de toutes les vertus chrétiennes, elle la favorise aussi en offrant aux âmes un modèle concret et vivant de vie parfaite. Elle nous rappelle les exemples de Celui qui nous a dit : *Je vous ai donné l'exemple, afin que comme j'ai fait vous le fassiez vous-même.*

Ces exemples sont : sa religion envers son Père, son oubli de lui-même, son amour et son dévouement pour nous, son humilité, son souci d'immolation et toutes les autres vertus qu'il a pratiquées au degré le plus éminent. On ne saurait rien concevoir de plus beau, de plus élevé, de plus saint, de plus capable par conséquent d'exciter notre admiration et notre imitation. On ne peut connaître et aimer les ineffables trésors de vertu, de perfection et de grâce enfermés dans le Cœur de Jésus sans éprouver le besoin de mettre en pratique la recommandation de saint Paul : *Ayez en vous les sentiments qu'avait en lui le Christ Jésus.*

Partout où la dévotion au Sacré-Cœur a été en honneur, on a vu fleurir les vertus chrétiennes et les âmes faire de rapides progrès dans les voies intérieures. Elle a toujours été une école de haute perfection. En apprenant à aimer Notre Seigneur, elle apprend à se pénétrer de ses dispositions, à marcher sur ses traces, à se conformer à ses vues et à ses désirs. Elle fait germer la ferveur autour d'elle, et innombrables sont ceux qui ont vu, sous son heureuse influence, leur vie spirituelle, jusque-là tiède et molle, se transformer en une vie intense de piété et de foi.

PRIÈRE

O divin Cœur de Jésus, accordez, je vous en prie, aux âmes du purgatoire, le repos éternel; à ceux qui mourront aujourd'hui, la grâce finale; aux pécheurs, une véritable pénitence; aux païens, la lumière de la foi; à moi et à tous les miens, votre bénédiction. Je vous recommande donc, ô Cœur très pieux de Jésus, toutes ces âmes; et, pour elles, je vous offre tous vos mérites avec les mérites de votre bienheureuse mère, de tous les saints et de tous les anges, avec tous les saints sacrifices de la messe, les saintes communions, les prières et bonnes œuvres qui se font aujourd'hui dans tout l'univers chrétien (I).

O divinum Cor Jesu, præsta, quæso, animabus purgantibus requiem æternam; hodie morituris, gratiam finalem; peccatoribus, veram pœnitentiam; paganis fidei lumen; mihi meisque omnibus, tuam benedictionem. Tibi, ergo, Cor Jesu piissimum, omnes has animas commendo; et pro ipsis tibi offero omnia tua merita una cum meritis beatissimæ matris tuæ omniumque sanctorum et angelorum, atque omnibus missarum sacrificiis, sacris communionibus, orationibus et bonis operibus, quæ hodie in toto christianorum orbe peraguntur. Amen.

Pratique

Tous les jours, recommander au Cœur infiniment bon de Jésus les âmes du purgatoire.

Invocation

Cœur de Jésus, notre paix et notre réconciliation, ayez pitié de nous.

Cor Jesu, pax et reconciliatio nostra, miserere nobis.

(I) Indulgence de 100 jours. (Léon XIII, 13-20 mars 1901.)

DEUX FORMES RÉCENTES DE LA DÉVOTION
AU SACRÉ CŒUR DE JÉSUS

1. — CULTE FAMILIAL DU SACRÉ-CŒUR

I. Motif de ce culte.

II. Sa pratique.

1. — *Motifs de rendre au sacré Cœur de Jésus un culte familial.* — Pendant longtemps, la dévotion au Sacré-Cœur, comme la plupart des autres dévotions, n'a eu qu'un caractère purement individuel. Au culte individuel on s'applique, de nos jours, à joindre le culte familial et le culte national. On estime que si Jésus infiniment aimant a un droit incontestable aux hommages des particuliers, il a un droit tout aussi incontestable aux hommages des divers groupements constituant le corps social.

Chacun de ces groupements, en tant que formant un tout moral, a le devoir de reconnaître l'autorité du Christ, son souverain domaine, sa divinité, et, par suite, de lui rendre les honneurs qui découlent, en quelque sorte naturellement, de cette reconnaissance.

En affirmant ces principes consacrés par toute la théologie, on réagit contre le sophisme, si accrédité de nos jours, d'après lequel la religion serait une affaire exclusivement privée. Si les individus, soutient-on, peuvent se reconnaître des obligations à l'égard d'un Être suprême, les sociétés en sont affranchies et les pouvoirs publics doivent, par respect de la liberté des consciences, se considérer comme tenus de rester en dehors de toute manifestation cultuelle. C'est l'indifférentisme d'État, cette grande hérésie de notre temps.

A la base de toute société se trouve la famille qui en est comme la cellule-mère. Pour opérer une réforme dans une nation, il est donc nécessaire de commencer à l'établir dans la famille ; et puisqu'il importe d'introniser le Sacré-Cœur dans la société, on a pensé avec raison qu'il fallait l'introniser d'abord dans les foyers. De là est né le mouvement, général aujourd'hui, qui préconise le culte familial du Sacré-Cœur.

II. — *Manière de pratiquer ce culte familial.* — Le culte familial se compose essentiellement de trois pratiques : d'une consécration de la famille au Sacré-Cœur, de l'installation de l'image du Sacré-Cœur à une place d'honneur au foyer domestique, de l'application des membres qui le composent à mener une vie profondément chrétienne. A cela on ajoute souvent certains exercices de piété que l'on fait ensemble, ou tous les jours, ou toutes les semaines, ou tous les mois, devant l'image du Sacré-Cœur.

« Cette image, dit Benoît XV, installée comme sur un trône dans un endroit bien apparent de la maison, présente à tous les regards Notre Seigneur comme le roi de cet intérieur. » A ses pieds, on vient, autant que possible, réciter la prière du soir, à laquelle on ajoute une courte formule de consécration.

Cette forme de dévotion, très encouragée par Pie X et par Benoît XV, se répand de plus en plus. Après avoir pris naissance dans l'Amérique du Sud où elle est très en honneur, elle a été propagée chez nous par l'œuvre de *l'Apostolat de la Prière.*

Elle a un double but. Le premier est de rendre à Notre Seigneur les honneurs auxquels il a droit et de lui restituer la place qui lui revient au foyer domestique, d'où l'on s'est efforcé de le chasser. On la lui restitue en faisant entrer dans la vie familiale une dévotion qui lui est particulièrement chère. — Le second but est de réveiller au sein des familles chrétiennes l'esprit de foi, d'y ramener la pratique religieuse, d'y installer le règne de Jésus-Christ et d'y attirer les bénédictions promises aux maisons où l'image du Sacré-Cœur sera exposée et honorée.

Ceux qui poursuivent la déchristianisation de la société s'appliquent, depuis longtemps, à ébranler les bases sur lesquelles repose la famille. Ils se sont attaqués non seulement à l'indissolubilité, mais aussi à la sainteté du mariage. Ils voudraient lui enlever tout caractère sacré et en faire un simple contrat humain résiliable au gré des parties qui ont cessé de se plaire. Par l'école sans Dieu, ils ont essayé d'arracher insensiblement la foi de l'âme de l'enfant. En affaiblissant la foi, ils ont affaibli le respect et sapé l'autorité paternelle. Ils désorganisent savamment, hypocritement, systématiquement la famille, parce qu'ils savent qu'ils n'arriveront à réaliser dans la société leurs rêves impies que tout autant qu'ils auront, au préalable, démoralisé et déchristianisé la famille.

C'est pour réagir contre ce travail de démoralisation et de déchristianisation qu'on s'efforce de propager le culte familial du Sacré-Cœur. On est convaincu qu'il contribuera puissamment à maintenir, au sein des familles, les idées de foi et les habitudes religieuses qui sont la meilleure sauvegarde des vertus domestiques.

Si l'on veut que ce résultat soit obtenu, il ne suffit pas d'exposer et de vénérer une image du Sacré-Cœur dans les demeures privées, il faut que ceux qui les habitent s'appliquent à connaître la doctrine de Jésus, et surtout s'efforcent de la traduire en actes. Ce qui importe principalement, c'est qu'ils mettent leur vie de tous les jours en harmonie avec leur foi, qu'ils vivent d'une vie vraiment chrétienne. Tout le reste est secondaire.

Il n'y a qu'une manière sérieuse d'aimer Notre Seigneur : observer ses commandements. *Si vous m'aimez*, a-t-il dit lui-même, *gardez mes préceptes*. Quelques pratiques extérieures, quelques vagues manifestations de religiosité, quelques larmes pieuses même sont sans au-

cune importance, si l'on reste avec son indifférence, sa tiédeur, ses habitudes sensuelles,
son égoïsme et ses autres vices.

Benoît XV a eu bien soin de le faire remarquer dans sa lettre au P. Mathieu Crawley,
l'ardent propagateur du culte familial du
Sacré-Cœur. Après l'avoir loué de ses efforts
pour installer, en reine, au foyer domestique
la charité du Christ et y faire vénérer sa
divine image, le Souverain Pontife ajoutait :
« Rendre au très aimant Rédempteur ce culte
et cet honneur est chose éminemment sainte
et salutaire, mais cela ne suffit pas. Il importe
souverainement de connaître le Christ, de
connaître sa doctrine, sa vie, sa passion, sa
gloire. Ce n'est pas assez de le suivre avec le
vague sentiment d'une religiosité qui émeuve
les cœurs tendres et sensibles et fasse verser
quelques petits pleurs, tout en laissant les
vices intacts. La principale cause pour laquelle
le Christ est délaissé et si peu aimé par beaucoup, c'est qu'ils l'ignorent ou au moins ne le
connaissent pas suffisamment. Il faut le suivre
avec une foi vive et ferme qui discipline et
dirige l'esprit, le cœur et les actes.

« C'est pourquoi travaillez à répandre dans
les foyers catholiques les flammes d'un grand
amour à l'égard du Cœur très sacré de Jésus;
mais efforcez-vous, au préalable, de répandre
dans les familles la connaissance du Christ
Sauveur et des doctrines qu'il a enseignées,
afin que l'amour de Jésus soit comme la conséquence de cette connaissance. »

L'intronisation du Sacré-Cœur au foyer
domestique doit avoir pour résultat la rénova-

tion chrétienne de la famille. La nature, l'esprit et la fin de cette intronisation sont nettement indiqués dans la formule suivante dont on se sert, dans beaucoup d'endroits, comme de procès-verbal de la cérémonie de consécration familiale.

« La famille X... a — à tel jour — solennellement intronisé le Cœur de Jésus dans sa maison, en lui consacrant tous ses membres présents, absents et même défunts. Par ce témoignage d'amour et de réparation, elle entend le reconnaître comme son seigneur et maître. Elle accepte pleinement les commandements de Dieu et de l'Eglise ; elle exprime son horreur pour toutes les violations sacrilèges de ses droits de souverain absolu des individus, des familles, des nations ; elle réprouve sans réserve tous les attentats contre les saintes lois du mariage chrétien ; enfin, elle adhère d'esprit et de cœur au Pontife romain. En même temps, honorée de la visite de Jésus qui veut bien s'établir chez elle comme chez lui, et en échange de la douce confiance, de la tendre amitié de son cœur qui lui fait dire : *Voici votre Roi de douceur; Vous êtes mes amis*, elle lui demande, à genoux, d'accepter, comme jadis à Béthanie, cette humble hospitalité. En foi de quoi nous signons... »

PRIÈRE

Jésus, Seigneur adorable, caché dans votre sacrement d'amour, vous qui demeurez avec nous pour adoucir notre exil, pourrais-je donc ne pas m'appliquer à consoler le vôtre?

A vous qui me donnez votre Cœur, comment ne pas offrir le mien?

Me donner à vous, cela est bien vrai, c'est encore mon avantage; c'est acquérir pour moi le trésor incomparable d'un cœur aimant, désintéressé, fidèle, comme je voudrais que fût le mien. Ainsi donc, je ne puis rien donner et je reçois toujours! Non, Seigneur, je ne pourrais jamais lutter de générosité avec vous, mais je vous aime; daignez accepter mon pauvre cœur, et, bien qu'il soit sans aucune valeur, cependant, puisque vous l'aimez, il devient quelque chose par votre grâce; rendez-le bon et gardez-le.

Cœur de Jésus, je vous consacre toutes les facultés de mon âme, toutes les forces de mon corps; je veux m'appliquer à vous connaître et à vous aimer de plus en plus, pour vous faire mieux connaître et aimer par les autres. Je veux ne travailler que pour votre gloire, ne faire que la volonté de votre Père. Je vous consacre tous les instants de ma vie, en esprit d'adoration devant votre présence réelle, d'actions de grâces pour ce don incomparable, de réparation pour notre cruelle indifférence, et de supplications incessantes, pour que nos prières, vous étant offertes, avec vous et en vous s'élèvent purifiées et fécondes jusqu'au trône de la miséricorde de Dieu, et pour son éternelle gloire. Ainsi soit-il.

Pratique

Visiter tous les jours, pendant quelques instants, si on le peut, afin de le consoler et de l'adorer, Notre Seigneur prisonnier d'amour, pour nous, dans le tabernacle.

Invocation

Cœur de Jésus, source de toute consolation, ayez pitié de nous.	Cor Jesu, fons totius consolationis, miserere nobis.

VINGT-SIXIÈME JOUR

DEUX FORMES RÉCENTES DE LA DÉVOTION
AU SACRÉ CŒUR DE JÉSUS

II. — Culte national du Sacré-Cœur

I.   Universelle royauté du Christ.

II.   Conséquences qui en découlent.

III. Leur méconnaissance.

IV. But du culte national du sacré Cœur de Jésus.

I. — Universelle royauté du Christ. —
Jésus-Christ est le souverain seigneur et
maître de tout, il l'est des nations comme il
l'est des individus et des familles. Cette vérité
fondamentale, trop oubliée de nos jours, a été
mise en particulière lumière par Léon XIII
dans son encyclique *Annum sacrum*, du
25 mai 1899. Il y dit :

« Celui qui est le Fils unique de Dieu le
Père, qui a la même substance que lui, qui
est *la splendeur de sa gloire et la figure de sa
substance*, celui-là possède nécessairement

tout en commun avec le Père ; il a donc aussi le pouvoir souverain sur toutes choses.

« Pour cette raison, le Fils de Dieu dit de lui-même par la bouche du prophète : *Pour moi, j'ai été établi roi sur Sion, sa montagne sainte. Le Seigneur m'a dit : Tu es mon fils, c'est moi qui t'ai engendré aujourd'hui. Demande-moi et je te donnerai les nations en héritage et je te ferai posséder jusqu'aux extrémités de la terre.* Par ces paroles, il déclare qu'il a reçu de Dieu pouvoir tant sur l'Eglise universelle, représentée par la montagne de Sion, que sur le reste de la terre jusqu'aux plus lointaines limites.

« Quant à la base de cette souveraine puissance, ces paroles : *Tu es mon fils,* l'expliquent suffisamment ; car par le fait même qu'il est le fils du maître de tout ce qui est, il est héritier de l'universelle puissance : de là ces paroles : *Je te donnerai les nations en héritage*, et les paroles semblables de l'apôtre saint Paul : *Son fils, qu'il a établi héritier de toutes choses.*

« Si donc toute puissance est donnée au Christ, il s'ensuit nécessairement que son autorité est souveraine, absolue, indépendante de tout pouvoir ; aucun pouvoir n'est égal au sien, ni ne lui ressemble ; et, comme cette puissance lui est donnée au ciel et sur la terre, il faut que le ciel et la terre lui soient soumis.

« Mais ce n'est pas tout. L'autorité du Christ ne vient pas seulement d'un droit de naissance, en tant que fils unique de Dieu ; mais encore en vertu d'un droit acquis. Lui-même, en effet, *nous a arrachés à la puissance des ténèbres. Lui-même s'est livré pour la rédemption de tous.* »

II. — *Conséquence de ce domaine souverain, universel, absolu de Jésus-Christ.* — La conséquence rigoureuse est que toute créature raisonnable doit reconnaître le Christ pour son seigneur et maître, s'incliner devant son autorité et lui rendre les devoirs auxquels ce titre lui donne droit : devoirs de dépendance, de louange, d'amour, d'adoration, pour ne parler que des principaux.

Puisque son souverain domaine s'étend sur les nations aussi bien que sur les individus et les familles, les nations ne sont pas plus libres que les familles et les individus de lui refuser ou de lui accorder, à leur gré, les hommages dont son universelle suzeraineté le rend digne. Il ne leur est pas loisible d'affecter de l'ignorer et d'organiser leur vie intérieure sans se préoccuper de lui et sans tenir compte de sa loi. En tant que corps, elles sont, au contraire, strictement tenues de reconnaître ses droits, de lui rendre des devoirs, de lui donner dans leur sein la place qu'il mérite, de conformer leur conduite et leur législation aux principes de son Évangile.

C'est là ce qui existait aux siècles de foi, c'est ce qui devrait exister toujours, car toujours sera vraie la parole de Jésus à ses apôtres : *Toute puissance m'a été donnée dans le ciel et sur la terre ;* mais hélas ! il n'en est plus, depuis bien longtemps, ainsi parmi les peuples.

III. — *Méconnaissance de la royauté sociale du Christ.* — L'autorité « souveraine, absolue, indépendante de tout pouvoir », dont parle Léon XIII dans son encyclique, le rationalisme et l'impiété refusent, comme nous l'avons vu, de l'admettre. En Jésus-Christ, ils ne veulent voir qu'un homme qui se distingue des autres hommes tout au plus par l'élévation de sa doctrine et la beauté de sa vie morale. Les pouvoirs publics, même au sein des nations catholiques, se croient trop souvent le droit, bien plus le devoir de l'ignorer officiellement et de s'abstenir de toute manifestation cultuelle. Aux apostasies des âmes s'est jointe l'apostasie des peuples, l'apostasie nationale et officielle. Le naturalisme politique et social est devenu un dogme public, la loi des Etats, le principe régulateur du monde contemporain. Au sein de nos sociétés, jadis chrétiennes, Jésus-Christ est le grand absent : les mœurs et encore plus les institutions sont vides de lui.

« Dans la constitution, dit encore Léon XIII, et dans l'administration des Etats on ne compte plus pour rien l'autorité du droit sacré et divin ; on a pour but d'enlever à la religion toute influence sur le cours de la vie civile. Comme résultat de cette façon d'agir, on a la disparition presque complète de la foi du Christ dans la société. Si c'était possible, on chasserait Dieu lui-même de la terre... »

IV. — *Réaction qu'on poursuit par l'établissement du culte national du Sacré-Cœur.* — Pour réagir contre cette universelle méconnaissance officielle des droits souverains du Christ, un mouvement a été créé — mouvement qui s'étend tous les jours — pour tâcher de rendre à notre divin Sauveur au sein des peuples, comme au sein des familles, la place qui lui est due. Ce mouvement a pris naissance dans notre pays et c'est encore là qu'il se développe avec le plus d'ampleur. Il a son point de départ dans la croyance de beaucoup que le Sacré-Cœur lui-même a demandé, dans une de ses manifestations de Paray, que la France lui soit consacrée solennellement, qu'un temple soit élevé en son honneur et que son image soit placée sur le drapeau national.

Pour légitimer le culte national du Sacré-Cœur, c'est-à-dire de Notre Seigneur envisagé sous le symbole, choisi par lui, de son cœur de chair, il est inutile de recourir à une demande positive de sa part, demande qui ne vaudrait, dans tous les cas, que pour la France. Ce culte se légitime par les principes si magistralement mis en lumière dans la page d'encyclique citée plus haut. C'est sur eux qu'il repose essentiellement. Toutes les nations sont tenues de le rendre au même titre. Si le fait d'une demande à la bienheureuse Marguerite-Marie concernant spécialement la France était démontré, ce serait simplement pour nous Français, un argument de plus venant s'ajouter à l'argument principal, déjà bien suffisant par lui-même, de rendre au Sacré-Cœur un culte national.

Le but de l'intronisation nationale, du culte national du Sacré-Cœur est de faire publiquement reconnaître la divinité et proclamer les droits du Christ, de mettre fin à une apostasie officielle qui est pour lui une grave injure, d'imprégner de son esprit la vie publique qu'on s'est appliquée à faire toute païenne, de réconcilier la société et la religion, d'assurer aux peuples, en tant que peuples, des bénédictions dont les événements qui se déroulent montrent, d'une façon si saisissante, la nécessité et le prix.

« Il faut donc, concluerons-nous toujours avec Léon XIII (nationalement comme individuellement), recourir à celui qui est la voie, la vérité et la vie. On a erré, qu'on revienne dans le bon chemin ; les ténèbres ont obscurci les esprits, que la lumière de la vérité dissipe cette ombre ; la mort nous a saisis, conquérons la vie. Alors, nous pourrons guérir les si graves blessures que notre société porte dans ses flancs ; alors, et à bon droit, reprendra la vie, l'espoir en l'antique autorité ; les richesses de la paix reparaîtront, les glaives tomberont et les armes s'échapperont des mains, lorsque tous reconnaîtront joyeusement l'autorité du Christ et s'y soumettront, lorsque toute langue confessera que le Seigneur Jésus-Christ est dans la gloire de son Père. »

Le remède spécifique de la triste situation actuelle, de l'espèce de divorce qui existe entre les peuples et leur souverain Maître semble, à beaucoup, se trouver dans le culte du Sacré-Cœur, providentiellement destiné à ramener vers Jésus quiconque l'oublie et le méconnaît, à resserrer, à renouer, s'il le faut, les liens relâchés et rompus de l'amitié divine.

Il est inutile de faire remarquer, en finissant, que rendre au Sacré-Cœur un culte national n'est autre chose qu'honorer nationalement Jésus-Christ, c'est-à-dire que lui rendre les devoirs qu'on lui doit comme nation, comme corps social, car « tout honneur, tout hommage et toute piété envers le Sacré-Cœur s'adresse en réalité au Christ lui-même ».

PRIÈRE
de la B. Marguerite-Marie

Je me donne et consacre au sacré Cœur de Notre Seigneur Jésus-Christ; je lui donne ma personne et ma vie, mes actions, peines et souffrances, pour ne plus vouloir me servir d'aucune partie de mon être que pour l'honorer, aimer et glorifier. C'est ici ma volonté irrévocable que d'être toute à lui et de faire tout pour son amour, en renonçant de tout mon cœur à tout ce qui lui pourrait déplaire.

Je vous prends donc, ô Sacré-Cœur, pour l'unique objet de mon amour, le protecteur de ma vie, l'assurance de mon salut, le remède de ma fragilité et de mon inconstance, le réparateur de tous les défauts de ma vie, et mon asile assuré à l'heure de ma mort. Soyez donc, ô Cœur de bonté, ma justification envers Dieu le Père et détournez de moi les traits de sa juste colère. O Cœur d'amour, je mets toute ma confiance en vous, car je crains tout de ma malice et de ma faiblesse, mais j'espère tout de vos bontés. Consumez donc en moi tout ce qui vous peut déplaire ou résister. Que votre pur amour s'imprime si avant dans mon cœur que jamais je ne vous puisse oublier, ni être séparée de vous. Je vous conjure par toutes vos bontés que mon nom soit écrit en vous, puisque je veux faire consister tout mon bonheur et toute ma gloire à vivre et à mourir en qualité de votre esclave. Ainsi soit-il.

Pratique

Supporter les peines, les contrariétés, les souffrances de la vie en union avec le Cœur de Jésus, qui a tant souffert par amour pour nous.

Invocation

Cœur de Jésus, brisé de douleur à cause de nos péchés, ayez pitié de nous.

Cor Jesu, attritum propter scelera nostra, miserere nobis.

VINGT-SEPTIÈME JOUR

COUP D'ŒIL SYNTHÉTIQUE SUR LA DÉVOTION AU SACRÉ CŒUR DE JÉSUS

I. Beauté et simplicité de cette dévotion.

II. Son caractère essentiellement vivant.

I. — *Beauté et simplicité de la dévotion au Sacré-Cœur.* — De tout ce qui a été dit dans les pages qui précèdent, il résulte qu'il n'est pas de dévotion plus belle, qu'il n'en est pas de plus idéale et, en même temps, de plus simple, de plus harmonieuse dans ses lignes principales que la dévotion au Sacré-Cœur : elle est comme la fleur de la piété chrétienne. Plongeant ses racines dans le dogme catholique, sortie de l'âme de ce qu'il y a eu de plus fervent dans les cloîtres, propagée dans le monde à la demande même de Notre Seigneur, embrassée avec empressement et joie par tous les enfants de l'Eglise, elle constitue une admirable quintessence de notre sainte religion.

Elle offre à nos hommages Jésus, notre bon Sauveur, sous son aspect le plus touchant et le plus aimable. Elle propose à nos adorations ses dispositions intérieures si parfaites et, en première ligne de ces dispositions, sa charité si ardente, sa tendresse si miséricordieuse, son dévouement si généreux. Pour rendre ces sentiments, en quelque sorte, sensibles, elle les présente à notre culte symbolisés par ce qu'il y a de meilleur dans l'homme, par le cœur.

Le cœur de chair du Christ, adorable en lui-même à cause de l'union hypostatique, n'est pas honoré dans notre dévotion en sa qualité d'organe, quelque considérable qu'ait été le rôle joué par lui dans la vie physique du Sauveur ; il est honoré en sa qualité d'emblème réel de l'amour et des autres sentiments qui ont trouvé en lui leur répercussion : amour et sentiments qui constituent l'objet premier et essentiel du culte du Sacré-Cœur.

De ce culte, l'organe est bien objet partiel ; il participe à nos hommages, mais il n'est objet du culte et il n'a part à nos hommages qu'en raison de sa fonction symbolique, c'est-à-dire qu'en tant que signe extérieur de dispositions intérieures qui ont besoin, pour impressionner pleinement l'imagination du plus grand nombre, d'être cristallisées dans un emblème sensible qui agisse sur l'émotivité.

Le cœur de Jésus, ainsi employé pour figurer aux yeux des fidèles l'amour de leur divin Maître, n'est pas envisagé isolé, séparé du reste de l'humanité du Christ, extrait, en quelque sorte, de la poitrine dans laquelle il a battu, passé à l'état de relique inanimée. Il est considéré, au contraire, à l'état vivant, palpitant dans la poitrine, continuant à remplir ses fonctions naturelles, ne faisant qu'un seul et même tout agissant avec les autres éléments de l'humanité du Christ.

L'amour de Jésus qui fait l'objet de la dévotion au Sacré-Cœur n'est pas seulement son amour humain, mais aussi son amour divin; non pas seulement son amour pour les hommes, mais encore son amour pour son père. Au culte rendu à son amour sont justement associés tous ses autres sentiments, toutes ses dispositions, toutes ses perfections, en un mot toutes ses amabilités.

Le but de la dévotion au Sacré-Cœur est d'allumer dans les cœurs le feu de la sainte charité, d'amener les âmes à beaucoup aimer celui qui, le premier, nous a si royalement et si prodigieusement aimés, à payer de retour sa tendresse, afin qu'il soit par là consolé des froideurs, des ingratitudes, des abandons, des mépris, des outrages qui lui sont continuellement prodigués.

L'amour est l'acte essentiel, la fin première et directe de ce culte. L'expiation, la réparation, l'amende honorable n'arrivent qu'en second lieu. C'est de l'amour que désire avant tout le « Cœur qui a tant aimé les hommes qu'il n'a rien épargné jusqu'à s'épuiser et à se consommer pour leur témoigner son amour ». Qu'il soit profondément aimé et, par le fait même, il sera consolé.

A côté de cet acte essentiel de culte, il y a des pratiques extérieures dont quelques-unes répondent à un désir positif de Notre Seigneur et dont d'autres ont été établies ou approuvées par l'Eglise. Ces pratiques sont largement suffisantes pour nous permettre de rendre au Cœur sacré de Jésus tous les devoirs qu'il attend de nous et pour donner pleine satisfaction à tous les légitimes besoins d'effusion de notre âme.

Voilà la dévotion au Sacré-Cœur telle qu'elle se dégage de l'observation des faits et de l'étude des documents officiels. Elle forme un tout harmonieux, aux grandes lignes bien définies, au caractère nettement dessiné, à l'ensemble parfaitement homogène. Sur les points essentiels, il n'y a pas parmi les théologiens de divergence fondamentale de vue. Il y a diverses écoles, divers courants dont les tendances diffèrent; mais, si ces écoles ont une manière différente de concevoir certains côtés de la question, elles n'ont toutes qu'un même but : conduire les âmes à Jésus et à son amour.

L'Eglise, à maintes reprises, a manifesté sa pensée et ses préférences; elle a par des déclarations et par d'autres actes montré la façon dont elle conçoit la dévotion au Sacré-Cœur et la manière dont elle souhaite qu'on la pratique; mais elle n'a pas entendu interdire toute discussion. Elle laisse se produire des controverses et semble s'être fait une règle de n'intervenir que lorsqu'il y a des raisons de craindre qu'atteinte soit portée à la pure et idéale beauté d'un culte dont elle est pieusement jalouse.

Malgré la latitude donnée, malgré les divergences qui se sont produites, il y a une dévotion traditionnelle au Sacré-Cœur. Cette dévotion, à la fois très simple et très belle, chacun doit avoir le religieux souci de la conserver intacte. Il serait profondément regrettable que des superfétations indiscrètes viennent jamais en transformer l'esprit et en modifier la physionomie.

II. — *Caractère essentiellement vivant de la dévotion au sacré Cœur de Jésus*. — La dévotion au Sacré-Cœur n'est pas une dévotion figée et morte. Elle n'a pas été coulée dans des formules intangibles et ses modalités n'ont pas un caractère immuable. Elle est vivante, essentiellement vivante; elle est susceptible de développement, de modifications secondaires, de transformations accidentelles. Donnée « au monde glacé par l'âge » pour le réchauffer jusqu'à la fin des temps, elle doit pouvoir s'adapter à tous les milieux, à tous les besoins, à toutes les circonstances; par conséquent être douée d'une extrême plasticité.

Il est rare qu'autour du noyau primitif d'une dévotion ne viennent pas s'ajouter, avec le temps, de nouvelles perspectives et de nouveaux éléments. Des apports successifs y sont faits. C'est comme une sorte de loi générale. Parmi ces additions ultérieures, les unes, heureuses, perfectionnent la dévotion, la précisent et la complètent; les autres, indiscrètes, vaines ou maladroites, peuvent la dénaturer, changer son esprit, la faire dévier de son concept originel et même l'étouffer sous des excroissances parasitaires.

Quelquefois, l'Eglise prend elle-même l'initiative des modifications ; c'est l'exception. Généralement elles sont l'œuvre de particuliers. Elles s'introduisent insensiblement, elles se répandent de proche en proche et trouvent trop souvent un accueil que l'on souhaiterait plus réservé et plus circonspect. Habituellement, l'autorité ecclésiastique s'abstient d'intervenir. Elle approuve parfois ; mais plus fréquemment elle se contente d'observer et d'attendre. Dans ce dernier cas, son silence ne saurait être interprété dans le sens d'une approbation indirecte, pas même d'une simple tolérance positive. Elle agit comme si elle ignorait, jusqu'au jour où le souci de maintenir intacte la pureté soit de son dogme, soit de sa discipline, soit de son culte l'amène à intervenir et à manifester sa pensée.

La dévotion au Sacré-Cœur n'a pas échappé au sort commun des dévotions. Elle a été même plus qu'aucune autre peut-être l'objet de tentatives d'additions ou de modifications plus ou moins heureuses ; tentatives venant, la plupart du temps, de personnes mieux intentionnées que bien inspirées et surtout que dûment mandatées. Elles se sont cru ou se sont donné la mission d'ajouter à ce qui existait, de greffer sur la dévotion traditionnelle des dévotions superfétatoires qui la compliquaient et risquaient de la rendre, à la longue, presque méconnaissable.

A côté de ces tentatives à peu près toujours regrettables, il y a à signaler certaines tendances d'école qui ont été ensuite exagérées par le public insuffisamment éclairé et ont pu donner naissance à des abus. La responsabilité de ces exagérations et de ces abus n'incombe ni à l'Eglise ni à la dévotion elle-même. Exagérations et abus sont uniquement le fait des hommes. On doit soigneusement se tenir en garde contre eux, si l'on veut, tout en laissant à la dévotion du Sacré-Cœur la facilité de s'adapter aux temps et aux circonstances, la préserver de déviations qui porteraient atteinte à sa simplicité, à sa pureté et à sa beauté primitives.

PRIÈRE

approuvée par décret de la Congrégation des Rites (1)

O Jésus, mon rédempteur et mon Dieu, nonobstant le grand amour qui vous a porté à répandre tout votre sang précieux pour les hommes, ils ne vous refusent pas seulement leur amour, mais ils vous offensent, ils vous outragent, ils blasphèment votre nom et profanent les jours consacrés à votre culte.

Ah! puissé-je offrir quelque consolation à votre Cœur divin et réparer l'ingratitude dont vous êtes victime de la part du plus grand nombre des hommes. Je voudrais pouvoir vous prouver combien je désire honorer votre Cœur adorable, répondre par l'amour à son immense amour et accroître de plus en plus votre gloire! Je voudrais pouvoir obtenir la conversion des pécheurs et secouer l'indifférence de tant de chrétiens qui, peu sensibles au bonheur d'être les enfants de l'Eglise,

(1) 22 avril 1875.

votre épouse, n'ont à cœur ni ses intérêts, ni ceux de votre gloire. Je voudrais pouvoir désabuser ces catholiques qui, tout en se distinguant par les œuvres extérieures de charité, demeurent trop attachés à leurs opinions, répugnent à se soumettre aux décisions du Saint-Siège, ou nourrissent des sentiments peu conformes à son enseignement; je voudrais qu'ils comprissent, enfin, que celui qui, en toutes choses, n'écoute pas l'Eglise, n'écoute pas Dieu toujours présent en elle.

Pour atteindre ces fins si saintes, pour obtenir le triomphe et la tranquillité stable de l'Eglise, votre épouse sans tache, le bien-être et la prospérité de votre Vicaire sur la terre, l'accomplissement de ses saintes intentions, la sanctification et la perfection toujours croissantes du clergé, la réalisation de vos desseins, ô mon Jésus, et la pleine satisfaction de votre divine volonté, la conversion des pécheurs et le progrès des justes, pour assurer le salut de nos âmes, enfin pour plaire à votre très aimable Cœur: prosterné à vos pieds, en présence de la très sainte vierge Marie et de toute la cour céleste, je reconnais solennellement que, par tous les titres de justice et de reconnaissance, je vous appartiens entièrement et uniquement, ô Jésus, mon rédempteur, unique source de bonheur spirituel et temporel, et m'unissant à l'intention du Souverain Pontife, je me consacre moi-même avec tout ce qui m'appartient à votre Cœur sacré, que je m'engage à aimer et à servir de toute mon âme, de tout mon cœur et de toutes mes forces, en m'appropriant vos volontés et unissant tous mes désirs aux vôtres.

Pour vous donner une marque publique de la sincérité de cette consécration, je déclare solennellement devant vous, ô mon Dieu, que je veux à l'avenir, honorer votre divin Cœur, en observant suivant les règles de l'Eglise, les fêtes de précepte, et en usant de toute mon autorité pour en assurer autour de moi l'observance.

C'est dans votre aimable Cœur, ô Jésus, que je dépose tous ces saints désirs et les résolutions que votre grâce m'a inspirés, dans l'espoir de pouvoir par là compenser, en quelque manière, les injures que vous recevez de l'ingratitude des hommes, et trouver pour mon âme et les âmes de tous les miens, ma félicité et la leur dans cette vie et dans l'autre. Ainsi soit-il.

Pratique

Profiter de toutes les occasions pour rendre et faire rendre au Sacré-Cœur, amour, louanges et réparation.

Invocation

Cœur de Jésus, victime des pécheurs, ayez pitié de nous.

Cor Jesu, victima peccatorum, miserere nobis.

DÉFORMATIONS DANS LA DÉVOTION
AU SACRÉ CŒUR DE JÉSUS

I. Sa matérialisation.

II. Son assombrissement.

III. Son rapetissement.

I. — Matérialisation de la dévotion au Sacré-Cœur. — En parlant de matérialisation de la dévotion au Sacré-Cœur, on n'entend évidemment pas renouveler contre qui que ce soit la calomnieuse accusation de matérialisme lancée par les jansénistes du XVIIIe siècle et fréquemment répétée depuis. Pie VI s'est chargé de rétablir les faits et de venger un culte qui, si on le prend tel que l'Eglise le conçoit et l'a approuvé, ne saurait donner lieu à la moindre critique.

Pas un catholique n'a songé à honorer le cœur de Jésus isolé du reste de l'humanité du Sauveur et, par une impossible abstraction, séparé même de la divinité. Tous, au contraire, l'adorent, « sans division ni séparation d'aucune sorte », comme le cœur vivant du

Verbe incarné. Mais, si tous l'adorent ainsi et, par suite, se trouvent parfaitement en règle avec les exigences du dogme, quelques-uns ont une tendance à lui faire une place trop grande dans la dévotion. Ils le mettent, en tant qu'organe, trop en évidence et, de la sorte, ils matérialisent le culte plus qu'il ne conviendrait.

Ce culte est un culte éminemment idéal et spirituel, puisqu'il est essentiellement et avant tout le culte des sentiments intérieurs de Jésus, principalement de sa charité. Ce point fondamental certains paraissent l'oublier.

Ceux-là l'oublient, qui font de l'organe l'objet unique de la dévotion et ne voient dans l'amour et dans les autres dispositions de l'âme de Notre Seigneur que de simples motifs de l'honorer. — Ceux-là l'oublient, pareillement, qui estiment que l'organe doit être adoré en lui-même et pour lui-même, et non pas à cause de son symbolisme seulement. — Ceux-là l'oublient, enfin, qui, sans faire de l'organe l'objet unique de la dévotion, en font l'objet principal ou, au moins, un objet devant être mis au même rang que l'objet spirituel.

En agissant de la sorte, ils s'écartent incontestablement de la lettre et de l'esprit du décret de 1765. Dans la dévotion au Sacré-Cœur l'organe joue un rôle, il tient une place importante; il ne vient pourtant qu'en tout second lieu. L'amour occupe le premier rang; le cœur participe au culte, mais il y participe à la façon dont le drapeau participe aux honneurs qu'on rend à la patrie qu'il symbolise.

L'exagération doctrinale dont nous parlons a eu sa répercussion dans le domaine des faits, et là, ainsi qu'il arrive habituellement, elle s'est encore accentuée. Des âmes, n'ayant pas des notions très nettes sur le sujet, semblent par la manière dont elles se conduisent ne voir que le côté matériel d'un culte éminemment spirituel. C'est l'organe qui les attire; c'est lui qu'elles considèrent et qu'elles vénèrent; c'est à lui qu'elles semblent arrêter leurs hommages, alors que ces hommages devraient, en passant par le symbole, aller aboutir à l'objet symbolisé et se terminer à la personne de Jésus-Christ. Ces âmes, en se comportant de la sorte, « matérialisent trop, suivant l'expression de Mgr Dupanloup, la plus admirable des dévotions ».

C'est pour réagir contre cette tendance que l'Église a interdit d'exposer à la vénération publique des fidèles l'image du cœur de Jésus isolé de la personne; elle veut nous rappeler ainsi que ce n'est pas l'organe, mais le très aimant et très aimable Sauveur lui-même que nous devons avoir en vue dans nos adorations et dans nos prières.

II. — *Assombrissement de la dévotion au Sacré-Cœur.*

— Sainte Mechtilde, sainte Gertrude et les autres mystiques du moyen âge ont vu dans le Sacré-Cœur un Jésus radieux, vainqueur, triomphant. Il leur est apparu dans tout l'éclat de sa gloire et tout le rayonnement de son amour. Il attire par ses amabilités et ses charmes. Il est la source d'où tous les biens nous viennent, le foyer brûlant où se réchauffent les âmes, l'asile où se réfugient tous ceux qui sont dans le danger ou dans la peine, le centre vers lequel convergent toutes les aspirations chrétiennes.

Le B. Jean Eudes l'a vu auréolé de tendresse, d'indulgence, d'affectueuse compassion ; les traits réflétant la bonté et la miséricorde. C'est le cœur d'un Dieu très bon, infiniment attirant, qui appelle ses enfants, leur ouvre ses bras et leur demande, par-dessus tout, de la confiance et de l'amour.

La bienheureuse Marguerite-Marie nous a elle-même raconté sous quelle forme le cœur de Jésus lui fut manifesté. « Ce sacré cœur, écrit-elle, m'était représenté comme un soleil brillant d'une éclatante lumière, dont les rayons tout ardents donnaient à plomb sur mon cœur... Une fois, entre les autres, que le saint Sacrement était exposé, après m'être sentie retirée toute au dedans de moi-même par un recueillement extraordinaire de tous mes sens et puissances, Jésus-Christ, mon doux maître, se présentait à moi tout éclatant de gloire, avec ses cinq plaies brillantes comme cinq soleils, et de cette sacrée humanité sortaient des flammes de toutes parts, mais surtout de son adorable poitrine qui ressemblait à une fournaise ; et s'étant ouverte me découvrit son tout aimant et tout aimable cœur, qui était la vive source de ces flammes. »

Jusque-là il n'y a rien qui diffère sensiblement de la conception que les vierges d'Hefta, Melchtilde et Gertrude, s'étaient faite du cœur de Jésus. Il est vrai que la vierge de Paray a vu aussi ce cœur adorable, ouvert, entouré d'épines, surmonté d'une croix; mais les stigmates et les instruments de la Passion sont là surtout pour mieux rappeler l'immensité de la charité de Celui qui « nous a aimés et s'est livré pour nous » et nous exciter à le payer de retour.

Ce que les regards extasiés de la sainte voyante apercevaient sur la divine figure de son Bien-Aimé, c'était certainement un doux reflet, une suave irradiation de tendresse et d'amour. Il ne parle que de son amour et de son désir d'être aimé. « Il me fit voir, écrit la Bienheureuse, que l'ardent désir qu'il avait d'être aimé des hommes et de les retirer de la voie de perdition, où Satan les précipite en foule, lui avait fait former ce dessein de manifester son cœur aux hommes avec tous les trésors d'amour, de miséricorde, de grâce, de sanctification et de salut qu'il contenait. »

A la proclamation de son amour Jésus joint, il faut le reconnaître, la constatation pénible que cet amour n'est pas payé de retour et que, trop souvent, les hommes n'y répondent que par l'ingratitude et la froideur. « Ils n'ont, dit-il, que des froideurs et des rebuts pour tous mes empressements. » C'est ce qui a fait que Marguerite-Marie verra toujours dans l'amour de Jésus non pas seulement un amour ardent et sans borne, mais aussi un amour offensé, un amour méconnu et outragé et qu'elle donnera à sa dévotion pour le Sacré-Cœur un caractère très net de réparation.

Ce caractère a été fortement accentué, aprés elle, par certains fidèles et même par certaines écoles. A les en croire, la réparation prime tout; elle constitue la fin première de la dévotion, le premier devoir de quiconque veut réellement répondre aux désirs de Notre Seigneur.

Ceux qui conçoivent ainsi notre dévotion jettent sur la figure du Sauveur un voile d'une infinie tristesse; ils en font une figure sur laquelle on lit surtout la peine et la souffrance : la figure d'un Dieu abreuvé d'outrages. De ses lèvres ne tombent que des paroles de plainte, presque de reproche. Ses yeux, fixés continuellement sur nos infidélités et nos péchés, sont prêts à laisser échapper des larmes. Son cœur est constamment transpercé par le glaive de nos mépris et de nos ingratitudes, il est broyé par nos crimes, endolori ; il a, par-dessus tout, soif d'expiation.

Au lieu de la dévotion, toute faite d'allégresse et d'amour, de Melchtilde et de Gertrude; au lieu de la dévotion, pleine de tendresse et de confiance, du P. Eudes; au lieu même de la dévotion plus austère de Marguerite-Marie, dévotion dans laquelle à l'amende honorable s'allient si harmonieusement l'amour et la joie, certains tendraient à nous faire une dévotion presque triste dans laquelle il n'y aurait, pour ainsi dire, place que pour la réparation et la pénitence.

Une pareille dévotion s'écarterait de la dévotion traditionnelle. Celle-ci, loin d'exclure la réparation, lui accorde une large place; mais elle a toujours refusé de la considérer comme sa fin première et son but principal.

La note pénitence n'est pas inconciliable avec la vraie notion de la dévotion au Sacré-Cœur, mais elle ne vient qu'au second plan et ne saurait être donnée comme la note prédominante, comme la note en quelque sorte caractéristique de cette dévotion.

III. — *Rapetissement de la dévotion au Sacré-Cœur.* — La dévotion au Sacré-Cœur est la dévotion à ce qu'il y a de plus profond, de plus intime en Notre Seigneur, l'on pourrait dire même à ce qu'il y a en lui de plus parfait, si dans la personne adorable du Verbe incarné tout n'était également admirable et parfait. Elle comprend tout Jésus, car elle englobe tous ses mystères et toutes ses perfections. Par le fait même qu'elle fait directement honorer la charité qui a été le centre de sa vie et le mobile de tous ses actes, elle fait indirectement honorer tout ce qui a été de cette divine charité ou principe, ou manifestation, ou effet. « Elle est, suivant l'expression de Mgr Pie, la quintessence du christianisme, l'abrégé et le sommaire substantiel de toute la religion. Le christianisme ne saurait être identifié aussi absolument avec aucune autre dévotion comme avec la dévotion du Sacré-Cœur. »

L'objet propre de cette dévotion étant tout l'intérieur, tout « l'intime » de Notre Seigneur, représenté par son cœur sacré, on la rapetisse donc quand on la réduit à la seule adoration de l'organe. On la rapetisse encore quand on la ramène au culte du seul amour de Jésus. A plus forte raison la rapetisse-t-on, si de l'amour de Jésus on ne prend que l'amour humain et l'amour pour les hommes.

L'amour humain du Sauveur pour les hommes est bien partie notable de l'objet spirituel de la dévotion; on peut même accorder aux éléments avancés de l'école parodienne qu'il en est l'objet principal et direct, mais on ne saurait aller jusqu'à y voir l'objet total. L'objet total comprend, comme il a été établi précédemment, avec l'amour humain de Jésus pour les hommes, son amour divin, son amour pour son Père, ses sentiments, ses vertus, ses dispositions, en un mot toutes les amabilités et toutes les perfections de son âme. Quiconque ne fait point entrer tout cela dans la dévotion au Sacré-Cœur ne donne point à cette dévotion toute l'ampleur qu'elle comporte.

PRIÈRE

Consécration de la famille au Sacré-Cœur

Divin Cœur de Jésus, nous voici prosternés dans les sentiments de la reconnaissance la plus vive pour tous vos bienfaits et de l'amour le plus ardent pour votre ineffable bonté.

Afin de répondre, dans la mesure de notre pouvoir, à l'appel que vous nous adressez en vain depuis si longtemps; afin de hâter dans notre patrie l'établissement du *règne social* de votre Cœur adorable, ô Jésus, nous vous consacrons, sous les auspices du Cœur immaculé de Marie et sous le patronage de saint Joseph, notre famille tout entière. Que notre foyer, comme celui de Nazareth, soit le séjour inviolable de l'honneur, de la foi, de la charité, du travail, de la prière, de l'ordre et de la paix domestique. Soyez-y, vous-même, la règle souveraine de toute notre conduite et le vigilant protecteur de tous nos intérêts.

Nous vous consacrons, aimable Jésus, toutes les épreuves, toutes les joies, tous les événements de notre vie de famille, et nous vous supplions de répandre vos meilleures bénédictions sur tous ses membres absents et présents, vivants et décédés. Nous les confions pour toujours à la garde de votre divin Cœur, et, si quelqu'un parmi eux a jamais eu le malheur de contrister votre saint amour, nous faisons amende honorable pour son péché. Au nom de votre Cœur sacré, ô Jésus, acceptez notre réparation et faites miséricorde au coupable.

Nous vous prions aussi pour toutes les familles de l'univers : protégez le berceau des nouveau-nés, l'école des adolescents, la vocation des jeunes gens ; soyez la force des infirmes, le soutien des vieillards, l'appui des veuves, le père des orphelins ; veillez vous-même, dans chaque demeure, au chevet des malades et des agonisants.

Mais, ô Jésus, océan de miséricorde et d'amour, nous vous supplions surtout de nous secourir au moment de la mort ; unissez-nous alors plus étroitement que jamais à votre divin Cœur et au Cœur immaculé de votre auguste Mère ; devenez notre asile, notre refuge, notre lit de repos ; et, après nous être tour à tour endormis sur votre sein béni, ô Jésus, que chacun de nous, au paradis, retrouve sa famille tout entière dans votre Cœur sacré. Ainsi soit-il.

Pratique

Renouveler de temps en temps cette consécration et rendre au Sacré-Cœur un culte familial.

Invocation

Cœur de Jésus, salut de ceux qui espèrent en vous, ayez pitié de nous.	Cor Jesu, salus in te sperantium, miserere nobis.

VINGT-NEUVIÈME JOUR

ECUEILS A ÉVITER DANS LA DÉVOTION
AU SACRÉ CŒUR DE JESUS

I. Le parasitisme et les innovations.

II. Le pharisaïsme.

III. Les compromissions politiques.

I. — *Dans la dévotion au Sacré-Cœur il faut se garder du parasitisme et des innovations*. — Depuis la B. Marguerite-Marie, il a surgi bien des « voyantes » et même quelques « voyants », qui ont prétendu avoir été, eux aussi, investis d'une mission surnaturelle et favorisés de communications divines. Ils se sont donnés, explicitement ou implicitement, comme les continuateurs de la vierge de Paray et comme chargés de compléter son œuvre.

A côté de ces « pseudo-prophètes » — capables d'exercer une influence regrettable sur des esprits simples, crédules ou trop portés aux nouveautés; mais incapables de fournir la preuve qu'ils étaient vraiment mandatés par le Ciel, — sont venues se placer des âmes qui n'ont pas trouvé suffisantes, pour leur piété, les perspectives et les pratiques de la dévotion traditionnelle. De ces natures inquiètes, il y en a eu à toutes les époques de l'Eglise. Elles ont éprouvé le besoin d'ajouter de nouvelles pratiques et de nouvelles perspectives aux pratiques et aux perspectives existantes. Ces apports étrangers et parfois un peu étranges auraient pu être préjudiciables à notre dévotion, si l'autorité ecclésiastique eût été moins vigilante.

Tantôt on a voulu greffer sur le culte consacré des formes jusque-là inusitées; tantôt on s'est efforcé de donner à ce culte une orientation qui en eût profondément modifié l'esprit; tantôt on a essayé d'amalgamer la dévotion au Sacré-Cœur avec d'autres dévotions; tantôt on l'a compliquée par des combinaisons dont s'accommode mal sa belle simplicité; tantôt, enfin, on l'a surchargée de pratiques auxquelles étaient attribuées une origine et une importance qu'elles n'ont pas.

Nulle part, l'illusion n'est plus facile qu'en pareille matière. La défiance est demandée par la religion autant que par la prudence. L'une et l'autre veulent que l'on soit en garde contre les nouveautés, qu'on leur impose une suffisante quarantaine, qu'on demande des preuves au lieu de simples affirmations et que, jusqu'à ce que l'Eglise ait fait connaître sa pensée, on s'en tienne aux pratiques reçues et aux formes consacrées. C'est la seule ligne de conduite vraiment sage, la seule conforme à la tradition catholique.

La dévotion au Sacré-Cœur est une dévotion trop belle pour que chacun ne s'efforce pas de la protéger contre des tentatives qui seraient de nature à en modifier l'aspect et à en ternir le radieux éclat. Celles qui ont été faites ont rarement été heureuses. Il serait déplorable que ses lignes harmonieuses soient jamais déformées par une sorte de lent travail de pétrification qui la couvrirait peu à peu d'éléments étrangers et finirait par en cacher l'admirable dessin.

II. — *Dans la dévotion au Sacré-Cœur il faut éviter tout pharisaïsme*. — Pharisaïsme et dévotion au Sacré-Cœur sont termes qui s'excluent. Rien n'est plus opposé, en effet, que l'esprit du pharisaïsme et l'esprit de la dévotion au Sacré-Cœur. L'un est orgueil, l'autre est humilité et douceur. La dévotion au Sacré-Cœur élève, elle dilate, elle conduit à la pratique de tout ce qu'il y a de grand et de beau dans la religion ; le pharisaïsme, au contraire, est étroit et méticuleux, il rapetisse les âmes, il concentre leur attention sur des points secondaires et leur fait oublier ce qui est le principal : *Excolantes culicem, camelum autem deglutientes.* Il attache à des choses insignifiantes une importance qu'elles ne méritent pas ; il fait consister la perfection dans une fidélité ridicule à des détails ; de la loi il ne prend que la lettre et laisse l'esprit ; il aboutit à un pur formalisme que Notre Seigneur a, maintes fois, sévèrement flétri.

Il y a un esprit et il y a des pratiques pharisaïques. Par ignorance, certains catholiques ne s'en sont pas suffisamment défendus et ce n'est pas sans quelque apparence de raison

qu'on les a accusés, parfois, d'en avoir introduit des traces dans leur dévotion au Sacré-
Cœur.

Ils ont prêté à cette critique lorsque, s'abu-
sant sur la vraie nature de cette dévotion, ils
ont pensé qu'elle consistait en quelques actes
extérieurs, quelques formules pieuses, quelque
consécration de personne ou quelque exposition d'image, quelque cérémonie cultuelle;
alors qu'elle consiste, avant tout, en actes intérieurs de vertu et d'amour, en transformation
de la vie spirituelle pour donner satisfaction
aux vœux de Notre Seigneur, en efforts pour
marcher sur les traces de celui qui a dit : *Apprenez de moi que je suis doux et humble de cœur.*

Ils ont prêté à cette critique encore lorsqu'ils
ont attribué une efficacité exagérée à certaines
pratiques, attendant de leur accomplissement
matériel la production d'effets qu'on ne saurait
raisonnablement en espérer. Supposer, par
exemple, qu'il suffira de mettre l'image du
Sacré-Cœur sur le drapeau national pour que
la victoire le suive partout, sur le seuil d'une
demeure pour que toute calamité soit par le
fait même écartée, sur soi pour qu'on se trouve
garanti d'une foule d'accidents, c'est plus
qu'une exagération, c'est une erreur qui a fait
que des adversaires, en parlant d'elle, ont cru
pouvoir prononcer le nom de croyance supers-
titieuse. Le mot est bien gros. L'on peut
refuser de l'accepter, mais il faut bien reconnaître que le blâme qu'il implique a au moins
une apparence de fondement dans la conduite
de certains des nôtres mal éclairés.

Il est inutile de faire remarquer qu'une pareille erreur ne fut jamais que l'erreur d'un tout petit nombre. S'il y a eu quelques imprudences et quelques excès, ce ne sont que des faits isolés dont chacun doit s'efforcer d'éviter la reproduction. Ils sont regrettables sans doute, mais ils ne sauraient jeter ni discrédit ni ombre sur une dévotion qui, bien comprise et régulièrement pratiquée, est au-dessus de toute critique.

III. — *La dévotion au Sacré-Cœur doit être tenue en dehors des partis et rester au-dessus de la politique*. — On a parfois, en France surtout, reproché à la dévotion au Sacré-Cœur d'avoir un caractère politique et d'être un instrument entre les mains d'un parti dont elle sert les visées. Il est inutile de s'attarder à réfuter une pareille accusation. De cette accusation, en effet, on n'apporte et on ne peut apporter aucune preuve. Les adversaires de la dévotion auront beau chercher, s'ils sont de bonne foi, ils devront reconnaître qu'elle est exempte des compromissions qu'on lui prête et qu'elle a un caractère exclusivement religieux.

Cela ne veut pas dire que ceux qui la pratiquent n'ont pas le droit d'avoir des préférences politiques et de travailler à les faire prévaloir. Ce droit appartient à tout citoyen et son exercice est un acte indépendant de toute pratique cultuelle. Personne ne peut trouver mauvais qu'un catholique use de ce droit, comme peuvent en user ceux qui ne partagent pas ses croyances. « Que si accidentellement, parmi les dévots du Sacré-Cœur, d'aucuns ont prétendu établir, entre leurs visées politiques et la dévotion par eux pratiquée ou préconisée, des liens qui ne répondent pas à la réalité, c'est là une erreur et un abus dont la dévotion au Sacré-Cœur ne doit pas porter la peine. »

L'autorité ecclésiastique, en France peut-être plus encore qu'ailleurs, s'est toujours appliquée à dégager cette dévotion de toute préoccupation et de toute compromission politiques. Elle a eu le constant souci de la soustraire à tout ce qui ressemblerait à une mainmise des partis. La dévotion au Sacré-Cœur doit être la dévotion de tous et ne se solidariser avec aucun.

« Ce que nous ne devons pas tolérer, a écrit le cardinal Guibert de sainte mémoire, c'est qu'on ose attribuer un caractère politique à une dévotion toute de foi et de piété. La politique sera toujours loin, bien loin de nos inspirations : l'œuvre est née, au contraire, de la conviction profonde que la politique est tout à fait impuissante à guérir les maux de notre pays. Les causes de ces maux sont morales et religieuses ; les remèdes doivent être pris dans le même ordre, et si nous invitons la France à porter auprès du Cœur de Jésus-Christ un suprême recours, c'est que nous ne voyons de salut pour elle dans aucun des moyens dont la sagesse humaine dispose.

« Il y a un autre motif non moins décisif qui nous fait écarter de notre entreprise toute idée politique. C'est que la politique divise, tandis que notre œuvre a pour but l'union.

Le Cœur de Jésus est un rendez-vous pacifique où nous convions tous nos frères à venir chercher avec nous la vérité dans la charité. Ce que nous demandons à ce Cœur adorable, c'est la conversion de la France, non la conversion à telles ou telles opinions, mais sa conversion, ou plutôt son retour à la foi chrétienne, aux espérances éternelles, à l'amour de Dieu, qui embrasse et comprend aussi l'amour des hommes (1). »

PRIÈRE
pour la propagation de la Communion quotidienne

O très doux Jésus, vous êtes venu en ce monde pour donner à toutes les âmes la vie de votre grâce ; vous avez voulu, pour conserver et fortifier cette vie en elles, être le remède à leurs faiblesses quotidiennes et devenir leur aliment de chaque jour. Nous vous prions donc humblement, par votre Cœur tout brûlant d'amour pour nous, de répandre sur tous votre divin Esprit, pour que ceux qui ont le malheur d'être en état de péché mortel se convertissent à vous et recouvrent la vie de la grâce qu'ils ont perdue ; et que ceux qui, par votre grâce, participent déjà à cette vie divine, s'approchent pieusement chaque jour, s'ils le peuvent, de votre sainte table, afin que, par la communion quotidienne, ils reçoivent chaque jour l'antidote qui les préservera des fautes vénielles de chaque jour, qu'ils fortifient chaque jour en eux la vie de votre grâce, et qu'enfin, purifiant ainsi toujours davantage leur âme, ils

(1) Mandement du 30 mai 1875.

arrivent à posséder avec vous la vie bienheureuse. Ainsi soit-il (1).

Pratique

S'exciter au désir de la sainte communion ; vivre de manière à être digne de communier fréquemment.

Invocation

Cœur de Jésus, délices de tous les saints, ayez pitié de nous.	Cor Jesu, deliciæ sanctorum omnium, miserere nobis.

(1) Indulgences (applic. aux défunts) de 300 jours, une fois par jour ; plénière, une fois par mois, (conditions ordinaires, et visite d'église ou de chapelle publique) pour la récitation quotidienne, durant un mois (Pie X, 30 mai, 3 juin 1905).

TRENTIÈME JOUR

APOTHÉOSE DU SACRÉ-CŒUR

I. Consécration de l'univers entier au sacré Cœur de Jésus.

II. Espérances placées par l'humanité dans le Sacré-Cœur.

I. — *Consécration de l'univers entier au Sacré-Cœur*. — « Maintes fois, disait Léon XIII dans son encyclique *Annum sacrum*, nous nous sommes fidèlement efforcé de protéger et de mettre en plus grande lumière cette forme très excellente de dévotion qui consiste à honorer le Cœur sacré de Jésus. Nous suivions en cela l'exemple de nos prédécesseurs Innocent XII, Benoît XIII, Clément XIII, Pie VI, Pie VII, Pie IX. Ce but, nous l'avons poursuivi surtout par notre décret en date du 28 juin 1889, qui élevait cette solennité au rite de première classe. Mais maintenant se présente à notre esprit une forme d'hommages plus excellente encore. Elle sera comme la plénitude et le couronnement de tous les honneurs que l'on a coutume de rendre au Sacré-Cœur et nous avons la confiance qu'elle sera très agréable au Christ rédempteur.

« D'ailleurs, le projet dont nous parlons, ce n'est pas la première fois qu'il est mis en question. En effet, il y a à peu près vingt-cinq ans, à l'approche des solennités que ramenait le deuxième centenaire du jour où la bienheureuse Marguerite-Marie Alacoque avait reçu du Ciel le mandat de propager le culte du Sacré-Cœur, des suppliques furent adressées, de toute part, à Pie IX, non seulement par des personnes privées, mais aussi par des évêques, dans le but d'obtenir du Pontife la consécration de tout le genre humain au Cœur très auguste de Jésus. On jugea opportun de différer pour que la décision fût donnée avec plus de maturité. En attendant, les cités eurent la permission de se consacrer séparément au Sacré-Cœur, si cela leur agréait; et une formule de consécration fut promulguée.

« Mais, maintenant, de nouveaux motifs sont survenus et nous jugeons l'heure opportune de mettre le projet à exécution. Ce général et magnifique témoignage de dépendance et d'amour convient tout à fait à Jésus-Christ, car il est le roi et le souverain maître de tous. Ce n'est pas, en effet, sur les nations catholiques seulement que s'étend son empire ; ce n'est pas non plus sur les seuls hommes purifiés dans l'eau du baptême et qui, à s'en tenir au droit, appartiennent à l'Eglise; mais c'est sur toutes les nations et sur tous les hommes, bien que des opinions erronées les séparent de l'Eglise ou que l'insubordination les arrache à son amour. Le pouvoir du Christ s'étend aussi sur tous ceux qui vivent en dehors de la foi chrétienne; c'est une vérité incontestable que tout le genre humain est sous la dépendance du Christ. »

Après avoir rappelé les titres de Jésus à la royauté universelle et dit que « son autorité ne vient pas seulement d'un droit de naissance comme Fils de Dieu; mais encore d'un droit de conquête, pour nous avoir arrachés tous à la puissance des ténèbres et nous avoir payés tous de son sang », Léon XIII ajoutait : « Nous engageons et nous exhortons tous ceux qui ont la connaissance et l'amour du Sacré-Cœur d'accomplir la consécration que nous prescrivons. Ce serait notre très vif désir que tous les fidèles l'accomplissent le même jour, afin que les prières de tant de milliers d'âmes, faisant au Seigneur le même don, fussent au même instant portées devant le trône de Dieu.

« Mais n'aurons-nous pas un souvenir pour la multitude innombrable de ceux qui n'ont pas encore vu briller à leurs yeux la vérité chrétienne? Nous tenons la place de Celui qui est venu sauver ce qui était perdu, de Celui qui a offert son sang pour le salut du genre humain. Aussi mettons-nous nos soins assidus à attirer vers Celui qui est la vie véritable les malheureux assis à l'ombre de la mort; partout nous leur envoyons des messagers du Christ pour les instruire. Et maintenant, plein de compassion pour leur sort, nous les consacrons d'une façon plus spéciale et autant qu'il est en nous au Sacré-Cœur. »

Dans cette consécration du genre humain

tout entier au Sacré-Cœur il faut voir, à côté
du désir d'attirer sur les âmes « un grand
profit » en y attirant les bénédictions divines,
la préoccupation d'affirmer par un acte solennel l'universelle royauté de Jésus-Christ.

Comme conclusion à son encyclique Léon XIII
ordonnait qu'un triduum préparatoire à la fête
du Sacré-Cœur serait, cette année, célébré
partout avec litanies et prières et que, le jour
de la solennité, serait lue publiquement dans
toutes les églises de l'univers catholique une
formule de consécration au Sacré-Cœur, dont
il faisait envoyer le texte.

La cérémonie eut lieu conformément aux
instructions pontificales et, le 11 juin 1899,
s'accomplit le grand acte religieux que
Léon XIII aimait à appeler « le plus considérable de son pontificat ». Par cet acte, le genre
humain tout entier proclamait la royauté du
Christ, se vouait à lui et lui rendait le plus
grandiose hommage qu'ait jamais reçu son
Cœur.

Pour affirmer d'une manière sensible cette
royauté du Christ représenté sous les traits
aimés du Sacré-Cœur, l'usage a tendu à s'établir, à un moment, de couronner solennellement ses images, c'est-à-dire de placer un
diadème sur la tête de ses statues avec toute
la pompe d'une grande cérémonie religieuse.
Pie X, malgré des instances réitérées, a refusé
d'approuver cette pratique, comme d'établir
la fête qui lui était demandée en faveur de la
royauté du Sacré-Cœur.

Les zélateurs du couronnement se sont
inclinés, après avoir déclaré — ce dont per-

sonne ne doutait — qu'ils n'entendaient pas par cet acte, jusque-là inusité, conférer un droit quelconque à Notre Seigneur, mais simplement reconnaître et proclamer le droit qu'il a, par naissance et par conquête, de régner sur tout le genre humain. L'intention était excellente, mais le moyen était mal choisi. Il constituait une innovation liturgique qu'on n'a pas cru devoir encourager, uniquement à cause des interprétations auxquelles elle pouvait prêter.

Ce refus d'autorisation n'implique en rien une désapprobation des efforts de ceux qui s'emploient à faire rayonner partout le culte du Cœur du Christ-roi et à faire reconnaître, par tous, les droits souverains que confère au Sauveur son double titre de fils de Dieu et de rédempteur des hommes.

II. — *Espérances placées par l'humanité dans le Sacré-Cœur*. — Au milieu des si graves événements de l'heure présente et des fléaux qui ont été déchaînés sur le monde, les regards des croyants se tournent de plus en plus vers le Sacré-Cœur. L'on entend répéter de toute part : « C'est du Sacré-Cœur que viendra le salut ; c'est le Sacré-Cœur qui nous sauvera. » Cette idée a profondément pénétré l'esprit des masses et nous en trouvons comme la consécration officielle dans l'encyclique *Annum sacrum*.

« Quand l'Eglise, encore toute proche de ses origines, y est-il dit, gémissait sous le joug des Césars, une croix apparut dans le ciel à un jeune empereur ; elle était le présage et la cause d'un insigne et prochain triomphe. Aujourd'hui, un autre symbole divin, présage très heureux, apparaît à nos yeux : c'est le cœur très sacré de Jésus, surmonté de la croix et resplendissant d'un éclat incomparable au milieu des flammes. Nous devons placer en lui toutes nos espérances; c'est à lui que nous devons demander le salut des hommes et c'est de lui qu'il faut l'espérer. »

Cette confiance dans le Sacré-Cœur et ce recours à sa protection dans les calamités publiques ne datent pas d'aujourd'hui. Nous en trouvons de nombreuses preuves dans l'histoire des deux derniers siècles. Qu'il suffise de rappeler ce qui se passa à Marseille et dans toute la Provence, lors de la peste de 1720. Ce qui fut fait alors a été fréquemment renouvelé depuis.

Dans les malheurs nationaux, en France principalement, on s'est accoutumé à aller frapper à la porte du cœur de Jésus et à attendre de sa protection le remède aux maux publics et même le relèvement de la patrie. Cette espérance est profondément ancrée dans les âmes religieuses. Beaucoup d'entre elles seraient surprises et même scandalisées si on se permettait seulement d'exprimer quelques réserves pourtant très naturelles.

Il n'est pas sans danger, en effet, de jeter dans les masses des formules trop absolues, d'y faire naître des espérances vastes et mal définies qu'elles prennent à la lettre. Si l'attente qui en résulte ne se réalise pas, il s'ensuit une déception qui peut aller jusqu'à ébranler la foi trop simpliste de plusieurs.

Les espérances mises dans le Sacré-Cœur n'ont rien d'exagéré en elles-mêmes, elles sont parfaitement fondées; seulement, il importe, en menant la vie chrétienne qu'il désire, de permettre au Sacré-Cœur de nous faire à nous et à notre patrie le bien que nous attendons de sa bonté. On s'assure sa protection en observant ses commandements plus encore qu'en lui élevant des temples splendides et qu'en plaçant ses insignes sur les drapeaux et sur les monuments publics. Il lui est certainement très agréable de recevoir de tout un peuple ces dernières marques d'honneur; mais il lui est incontestablement plus agréable de voir les divers éléments de ce peuple se pénétrer de l'esprit de son saint évangile et vivre conformément à ses lois. C'est de cette façon qu'on se donne les meilleures titres à une protection qui permet de nourrir les plus magnifiques espérances.

Puisse le règne du Cœur adorable de Jésus se répandre de plus en plus dans les âmes et dans les sociétés. Que l'amour de Notre Seigneur les réchauffe, que son esprit les pénètre, que sa bonté et sa miséricorde fassent couler à pleins bords dans leur vie la sève chrétienne et alors la face de la terre sera renouvelée.

« L'esprit, disait Léon XIII dans l'encyclique du 20 juin 1894, peut à peine concevoir quel souffle puissant saisirait aussitôt toutes les nations et les emporterait vers les sommets de toute grandeur et de toute prospérité. La paix et la tranquillité seraient bien assises; les lettres seraient favorisées dans leurs progrès ; parmi les agriculteurs, les ouvriers d'usine, les industriels, il se fonderait, sur des bases chrétiennes, de nouvelles sociétés capables de réprimer l'usure et d'élargir le champ des travaux utiles. La vertu de ces bienfaits ne s'arrêterait pas aux confins des peuples civilisés, elle les franchirait et s'en irait au loin comme un fleuve d'une surabondante fécondité. »

PRIÈRE
Formule de consécration publiée par ordre de Léon XIII

Très doux Jésus, rédempteur du genre humain, jetez les regards sur nous qui sommes humblement prosternés devant vous. Nous sommes à vous, nous voulons être à vous ; mais pour pouvoir être plus étroitement unis à vous, chacun de nous, spontanément, se consacre aujourd'hui à votre Cœur sacré.

Beaucoup ne vous ont jamais connu ; beaucoup, méprisant vos commandements, vous ont renié. Ayez pitié des uns et des autres, ô très doux Jésus, et attirez à votre divin Cœur tous les hommes. Établissez votre royauté, Seigneur, non seulement sur les fidèles, qui jamais ne se détachèrent de vous, mais aussi sur les fils prodigues qui vous ont abandonné. Ramenez-les bien vite à la maison paternelle pour qu'ils ne périssent pas de misère et de faim.

Établissez votre royauté sur ceux que les opinions erronées ont déçus ou que la discorde a éloignés ; rappelez-les au port de la vérité et à l'unité de la foi, afin que, bientôt, il n'y ait plus qu'un seul troupeau et un seul pasteur (1).

(1) Cette formule de consécration a été, le 11 juin 1899, lue dans les églises catholiques du monde entier.

Pratique

Prier fréquemment le Sacré-Cœur de faire de tous les hommes un seul troupeau sous un seul pasteur.

Invocation

Cœur de Jésus, roi et centre de tous les cœurs, ayez pitié de nous.

Cor Jesu, rex et centrum omnium cordium, miserere nobis.

LITANIES DU SACRÉ CŒUR DE JÉSUS

*qui sont enrichies d'une indulgence quotidienne de 3oo jours,
et que le Saint-Siège a approuvées pour l'Église universelle
(Décret du 2 avril 1899).*

Kyrie, eleison.	Seigneur, ayez pitié de nous.
Christe, eleison.	Jésus-Christ, ayez pitié de nous.
Kyrie, eleison.	Seigneur, ayez pitié de nous.
Christe, audi nos.	Jésus-Christ, écoutez-nous.
Christe, exaudi nos.	Jésus-Christ, exaucez-nous.
Pater de cælis, Deus, miserere nobis.	Père céleste, qui êtes Dieu, ayez pitié de nous.
Fili, redemptor mundi, Deus, miserere nobis.	Fils, rédempteur du monde, qui êtes Dieu, ayez pitié de nous.
Spiritus Sancte, Deus, miserere nobis.	Esprit-Saint, qui êtes Dieu, ayez pitié de nous.
Sancta Trinitas, unus Deus, miserere nobis.	Trinité sainte, qui êtes un seul Dieu, ayez pitié de nous.
Cor Jesu, filii Patris æterni, miserere nobis.	Cœur de Jésus, fils du Père éternel, ayez pitié de nous.

Cor Jesu, *(miserere nobis)*	Cœur de Jésus, *(ayez pitié de nous)*
Cor Jesu, in sinu Virginis-Matris a Spiritu Sancto formatum	Cœur de Jésus, formé par le Saint-Esprit, dans le sein de la Vierge-Mère,
Cor Jesu, Verbo Dei substantialiter unitum	Cœur de Jésus, substantiellement uni au Verbe de Dieu,
Cor Jesu, majestatis infinitæ,	Cœur de Jésus, dont la majesté est infinie,
Cor Jesu, templum Dei sanctum,	Cœur de Jésus, temple saint de Dieu,
Cor Jesu, tabernaculum altissimi,	Cœur de Jésus, tabernacle du Très-Haut,

Cor Jesu, domus Dei et porta cæli,	*Cœur de Jésus, maison de Dieu et porte du Ciel,*
Cor Jesu, fornax ardens caritatis,	*Cœur de Jésus, fournaise ardente de charité,*
Cor Jesu, justitiæ et amoris receptaculum,	*Cœur de Jésus, sanctuaire de la justice et de l'amour,*
Cor Jesu, bonitate et amore plenum,	*Cœur de Jésus, plein d'amour et de bonté,*
Cor Jesu, virtutum omnium abyssus,	*Cœur de Jésus, abîme de toutes les vertus,*
Cor Jesu, omni laude dignissimum,	*Cœur de Jésus, très digne de toute louange,*
Cor Jesu, rex et centrum omnium cordium,	*Cœur de Jésus, roi et centre de tous les cœurs,*
Cor Jesu, in quo sunt omnes thesauri sapientiæ et scientiæ,	*Cœur de Jésus, trésor de toute sagesse et de toute science,*
Cor Jesu, in quo habitat omnis plenitudo divinitatis,	*Cœur de Jésus, dans lequel réside toute la plénitude de la divinité,*
Cor Jesu, in quo Pater sibi bene complacuit,	*Cœur de Jésus, objet de toutes les complaisances du Père céleste,*
Cor Jesu, de cujus plenitudine omnes nos accepimus,	*Cœur de Jésus, dont la plénitude se répand sur nous tous,*
Cor Jesu, desiderium collium æternorum,	*Cœur de Jésus, le désiré des collines éternelles,*
Cor Jesu, patiens et multæ misericordiæ,	*Cœur de Jésus, patient et riche en miséricordes,*
Cor Jesu, dives in omnes qui invocant Te.	*Cœur de Jésus, libéral pour tous ceux qui vous invoquent,*
Cor Jesu, fons vitæ et sanctitatis,	*Cœur de Jésus, source de vie et de sainteté,*

miserere nobis.

ayez pitié de nous.

Cor Jesu, propitiatio pro peccatis nostris,

Cor Jesu, saturatum opprobiis,

Cor Jesu, attritum propter scelera nostra,

Cor Jesu, usque ad mortem obediens factum,

Cor Jesu, lancea perforatum,

Cor Jesu, fons totius consolationis,

Cor Jesu, vita et resurrectio nostra,

Cor Jesu, pax et reconciliatio nostra,

Cor Jesu, victima peccatorum,

Cor Jesu, salus in te sperantium,

Cor Jesu, spes in te morientium,

Cor Jesu, deliciæ sanctorum omnium,

miserere nobis.

Agnus Dei, qui tollis peccata mundi, parce nobis, Domine.

Agnus Dei, qui tollis peccata mundi, exaudi nos, Domine.

Agnus Dei, qui tollis peccata mundi, miserere nobis.

Cœur de Jésus, propitiation pour nos péchés,

Cœur de Jésus, rassasié d'opprobres,

Cœur de Jésus, brisé de douleur à cause de nos crimes,

Cœur de Jésus, obéissant jusqu'à la mort,

Cœur de Jésus, percé d'une lance,

Cœur de Jésus, source de toute consolation,

Cœur de Jésus, notre vie et notre réconciliation,

Cœur de Jésus, notre paix et notre résurrection,

Cœur de Jésus, victime des pécheurs,

Cœur de Jésus, salut de ceux qui espèrent en vous,

Cœur de Jésus, espérance de ceux qui meurent en vous,

Cœur de Jésus, délices de tous les saints,

ayez pitié de nous.

Agneau de Dieu, qui effacez les péchés du monde, pardonnez-nous, Seigneur.

Agneau de Dieu, qui effacez les péchés du monde, exaucez-nous, Seigneur.

Agneau de Dieu, qui effacez les péchés du monde, ayez pitié de nous.

℣. Jesu, mitis et humilis corde,

℟. Fac cor nostrum secundum Cor tuum.

℣. *Jésus, doux et humble de cœur,*

℟. *Rendez notre cœur semblable au vôtre.*

OREMUS

Omnipotens sempiterne Deus, respice in Cor dilectissimi Filii tui, et in laudes et satisfactiones, quas in nomine peccatorum tibi persolvit, iisque misericordiam tuam petentibus, tu veniam concede placatus, in nomine ejusdem Filii tui Jesu Christi, qui tecum vivit et regnat in unitate Spiritus Sancti, Deus, per omnia sæcula sæculorum. Amen.

PRIONS

Dieu tout-puissant et éternel, jetez les yeux sur le Cœur de votre Fils bien-aimé ; considérez le tribut d'hommages et de satisfactions qu'il vous offre au nom des pécheurs ; laissez-vous fléchir et pardonnez à ceux qui implorent votre miséricorde ; nous vous en supplions par ce même Jésus-Christ, votre Fils, qui, étant Dieu, vit et règne avec vous dans l'unité du Saint-Esprit, dans tous les siècles des siècles. Ainsi soit-il.

PRIÈRE
au très saint Cœur de Marie

O Cœur de Marie, mère de Dieu et notre mère, Cœur, le plus aimable objet des complaisances de l'adorable Trinité, digne de toute la vénération et de l'amour des anges et des hommes ; Cœur le plus ressemblant à celui de Jésus, dont vous êtes la plus parfaite image, Cœur plein de bonté et de compassion pour nos misères, daignez fondre la glace de nos propres cœurs, et faites qu'ils se donnent entièrement à celui du divin Sauveur. Répandez en eux l'amour de vos vertus et enflammez-les du feu dont vous brûlez constamment vous-même. Couvrez de votre protection la sainte Eglise, et soyez toujours son refuge et son invincible défense contre toutes les attaques de ses ennemis. Soyez notre voie pour aller à Jésus et le canal qui nous transmette toutes les grâces nécessaires à notre salut. Soyez notre secours dans nos besoins, notre soulagement dans les afflictions, notre force dans les tentations, notre refuge dans les persécutions. Soyez notre secours dans tous les périls, mais surtout dans les derniers combats de notre vie, à l'heure de la mort, lorsque, pour ravir nos âmes, tout l'enfer se déchaînera contre nous, en ce moment formidable, à cet instant terrible, d'où dépend notre éternelle destinée. Ah ! faites-nous alors, Vierge compatissante, ressentir la tendresse de votre Cœur maternel et la force de votre puissance sur le Cœur de Jésus, en nous ouvrant, dans la source de la miséricorde, un refuge assuré d'où nous puissions aller le bénir avec vous en paradis, pendant tous les siècles des siècles. Ainsi soit-il.

TABLE DES MATIERES

QUATRIÈME JOUR

L'objet spirituel de la dévotion au sacré Cœur de Jésus

CINQUIÈME JOUR

Prédominance de l'objet spirituel dans la dévotion au sacré Cœur de Jésus

SIXIÈME JOUR

Légitimité du culte rendu, dans la dévotion au Sacré-Cœur, à l'amour de Jésus pour nous

SEPTIÈME JOUR

Causes qui ont valu au cœur physique de Jésus l'honneur d'un culte particulier.

HUITIÈME JOUR

Nature du culte rendu au cœur de chair de Jésus

NEUVIÈME JOUR

Fondements de la dévotion au sacré Cœur de Jésus

DIXIÈME JOUR

Buts de la dévotion au sacré Cœur de Jésus

ONZIÈME JOUR

Rôle respectif de l'amour et de la réparation dans la dévotion au sacré Cœur de Jésus

DOUZIÈME JOUR

Pratique de la dévotion au sacré Cœur de Jésus

TREIZIÈME JOUR

Effets de la dévotion au sacré Cœur de Jésus

QUATORZIÈME JOUR

Encouragement divin à la pratique de la dévotion au sacré Cœur de Jésus

QUINZIÈME JOUR

La « grande promesse » du Sacré-Cœur

SEIZIÈME JOUR

Pratiques de piété en l'honneur du sacré Cœur de Jésus

DIX-SEPTIÈME JOUR

Pratiques de piété en l'honneur
du sacré Cœur de Jésus (suite)

DIX-HUITIÈME JOUR

Pratiques de piété en l'honneur
du sacré Cœur de Jésus (suite)

DIX-NEUVIÈME JOUR

Rôle de l'image dans la dévotion au sacré Cœur de Jésus

VINGT-NEUVIÈME JOUR

Écueils à éviter dans la dévotion au sacré Cœur de Jésus

TRENTIÈME JOUR

Apothéose du sacré Cœur de Jésus

Paris. — Imp. PAUL DUPONT (Cl.). — 14.2.19.

www.ingramcontent.com/pod-product-compliance
Lightning Source LLC
LaVergne TN
LVHW050409060726
842524LV00002B/514